LA GUIDA AL DISEGNO DEL RITRATTO

Tecniche e tutorial per il disegno dei volti a misura di principiante

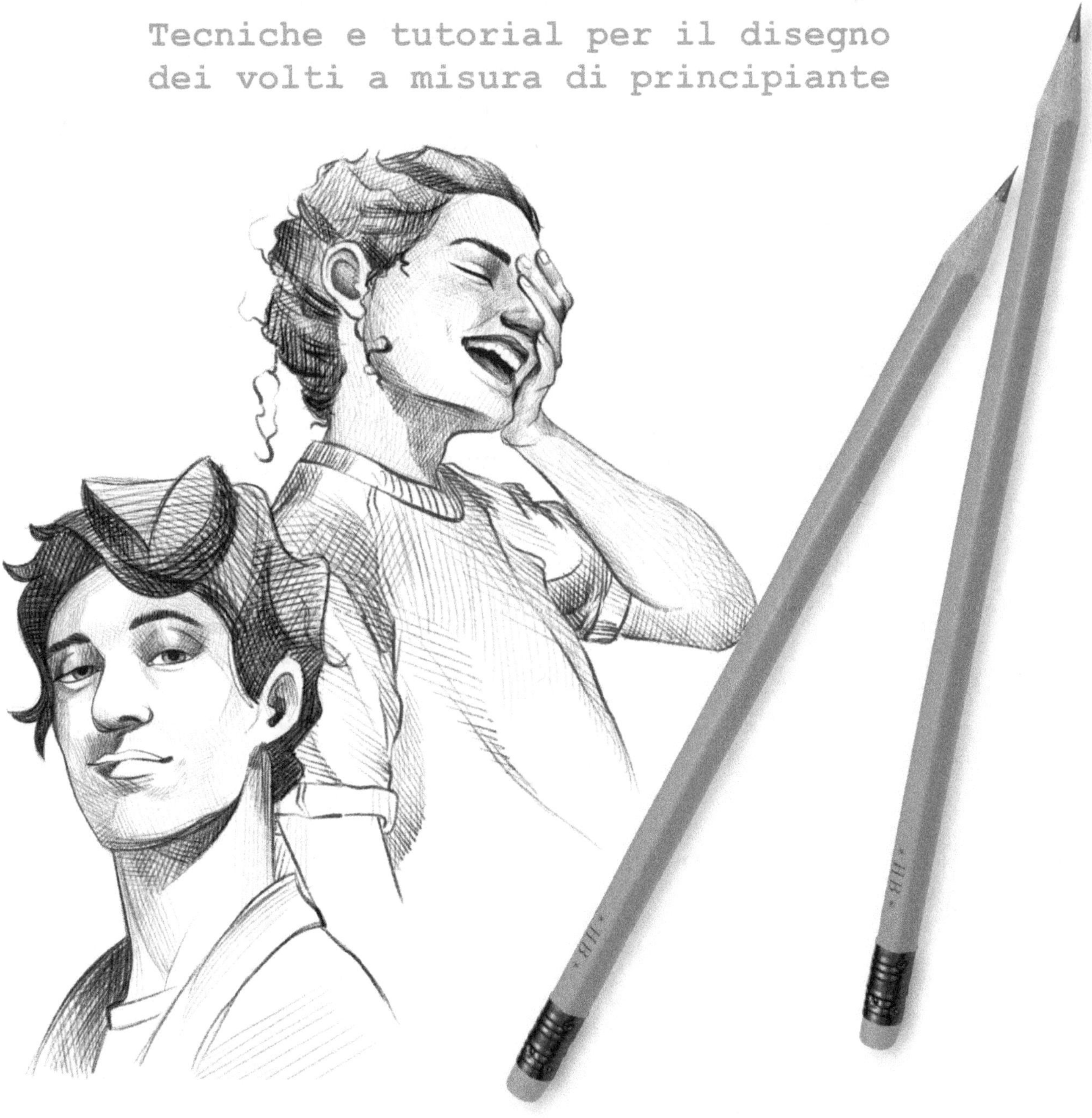

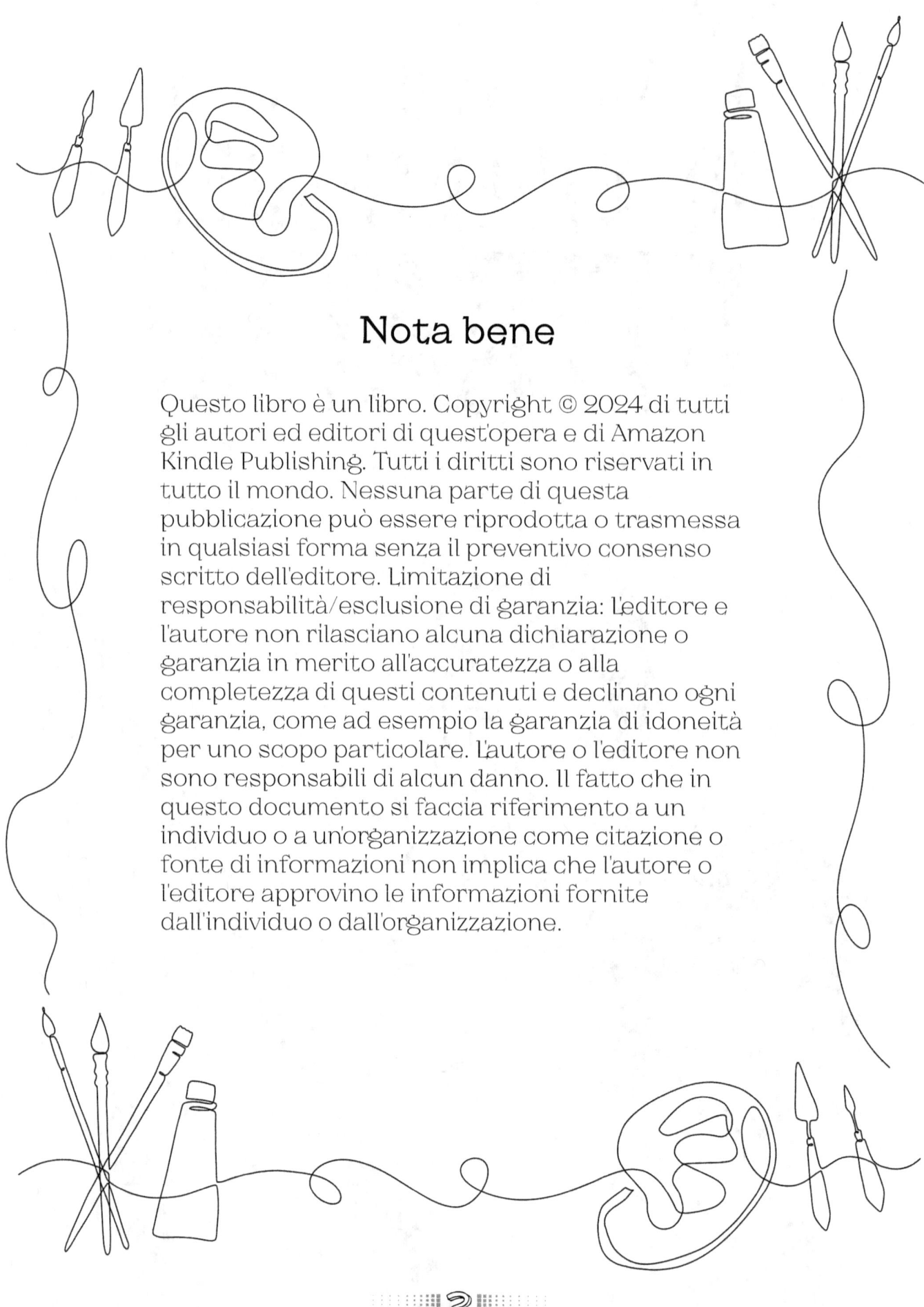

Nota bene

Questo libro è un libro. Copyright © 2024 di tutti gli autori ed editori di quest'opera e di Amazon Kindle Publishing. Tutti i diritti sono riservati in tutto il mondo. Nessuna parte di questa pubblicazione può essere riprodotta o trasmessa in qualsiasi forma senza il preventivo consenso scritto dell'editore. Limitazione di responsabilità/esclusione di garanzia: L'editore e l'autore non rilasciano alcuna dichiarazione o garanzia in merito all'accuratezza o alla completezza di questi contenuti e declinano ogni garanzia, come ad esempio la garanzia di idoneità per uno scopo particolare. L'autore o l'editore non sono responsabili di alcun danno. Il fatto che in questo documento si faccia riferimento a un individuo o a un'organizzazione come citazione o fonte di informazioni non implica che l'autore o l'editore approvino le informazioni fornite dall'individuo o dall'organizzazione.

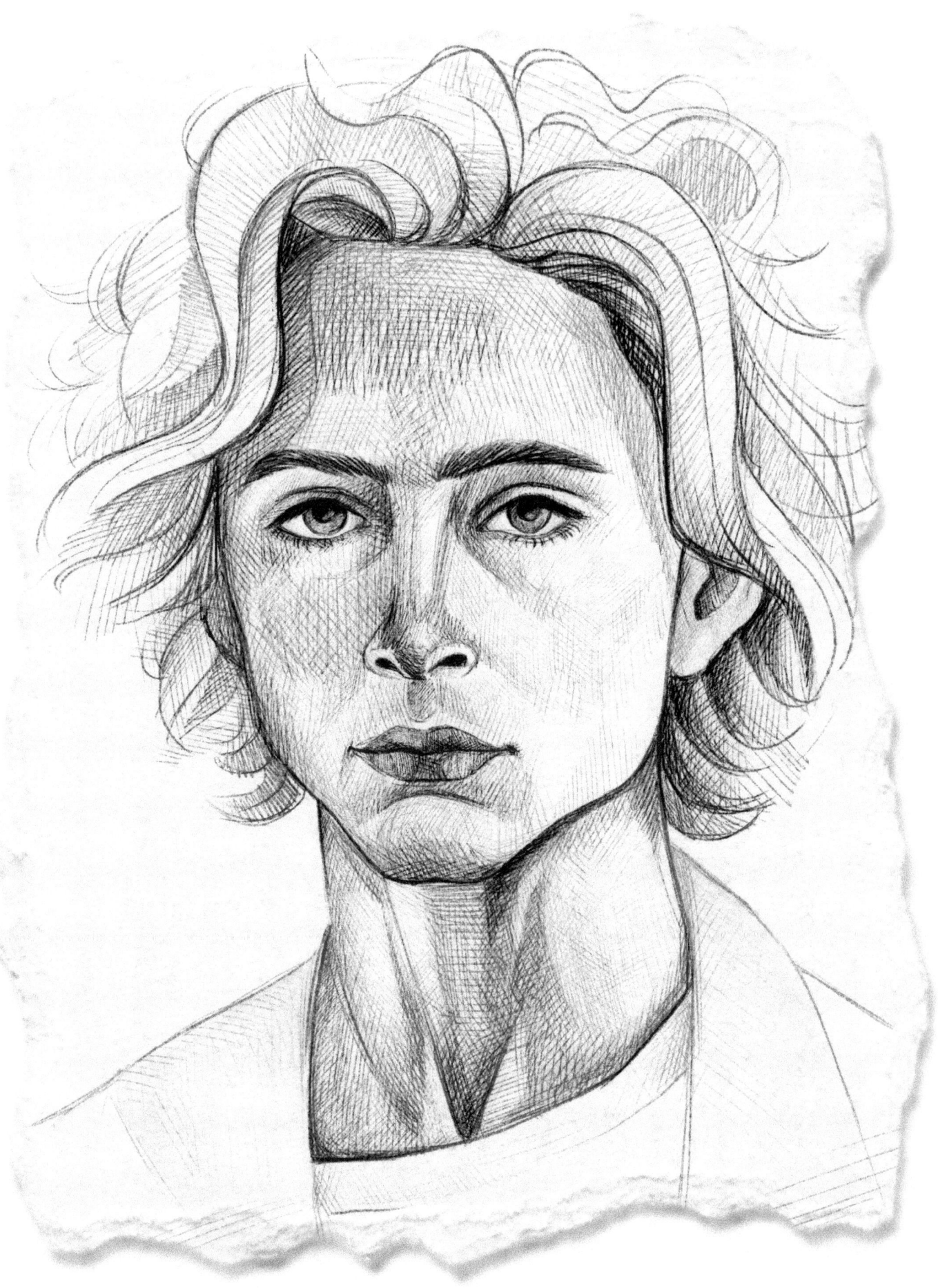

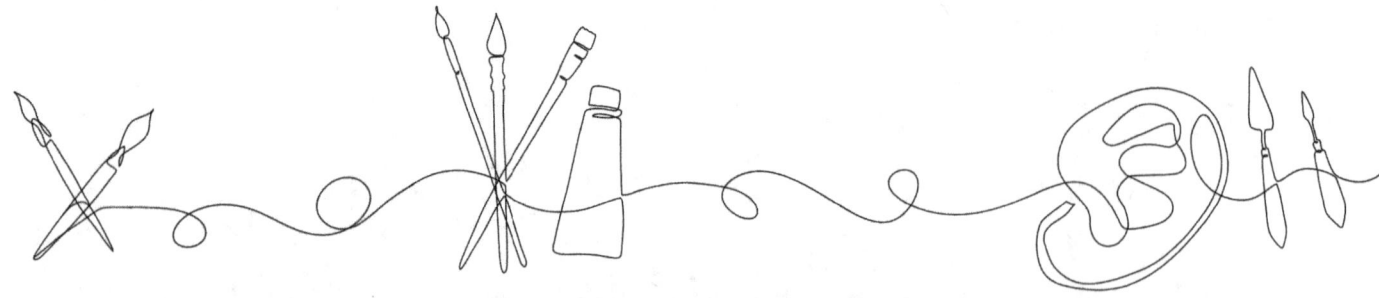

CONTENUTI

Introduzione 2
Materiali essenziali 3

Le basi del disegno:
Tratteggio 5
Luce e ombra 7
Forme semplici 9
Composizione 13
Prospettiva 17

Disegnare ritratti:
Ritratto di donna 19
Ritratto di uomo 29
Trasmettere emozioni 39
Pratica 45

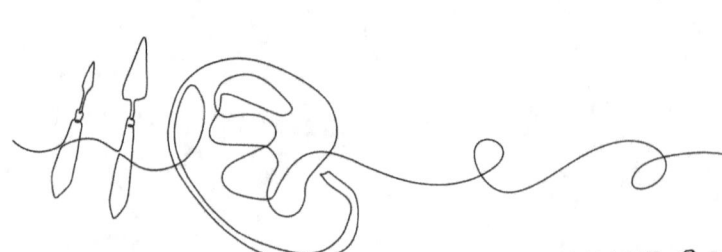
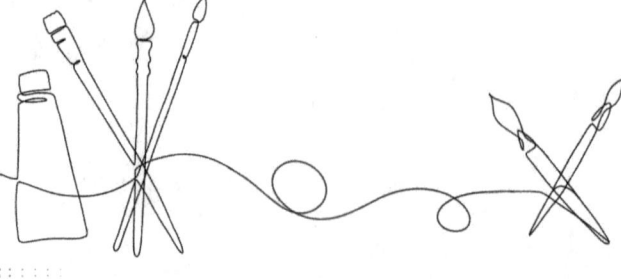

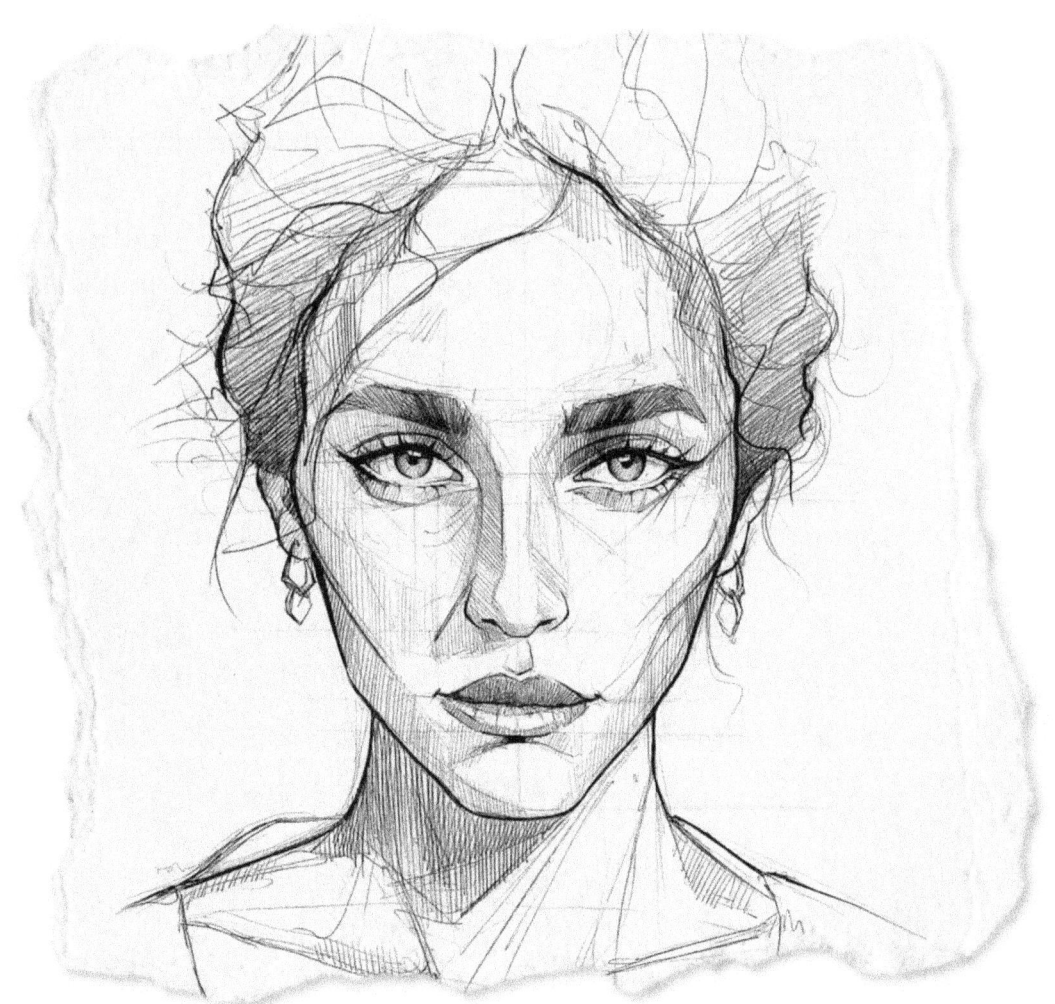

INTRODUZIONE

Benvenuti nella guida per disegnare ritratti! Qui troverete tutto ciò che vi serve per padroneggiare questa abilità passo dopo passo. Inizieremo in modo semplice, partendo dalle nozioni di base per poi arrivare gradualmente al livello superiore.

Per prima cosa, vi prepareremo gli strumenti e i materiali giusti. Una volta pronti, inizieremo con forme semplici, per poi passare a composizioni più complesse. Alla fine, sarete in grado di disegnare ritratti di chiunque, dagli adulti ai bambini. Ricordate che la pratica rende perfetti. Prendetevi il tempo necessario e non siate troppo severi con voi stessi. Con la nostra guida e un po' di impegno, riuscirete a creare bellissimi ritratti in pochissimo tempo!

Quindi, tuffiamoci e divertiamoci con l'arte!

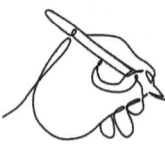
MATERIALI ESSENZIALI
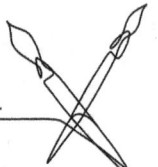

Ora che siete ansiosi di iniziare il vostro viaggio nel disegno di ritratti, è il momento di raccogliere i materiali essenziali. Non preoccupatevi, non vi servirà nulla di troppo sofisticato. Ecco cosa vi serve per iniziare:

MATITE: Un set di matite di grafite da 2H a 6B vi darà la flessibilità necessaria per creare sia contorni chiari che ombreggiature più scure.

CARTA: Optate per una carta liscia e pesante o per un quaderno di schizzi appositamente progettato per il disegno. Si desidera una superficie in grado di gestire la cancellazione e la sfumatura senza strappi.

GOMMA: Una gomma impastata è perfetta per sollevare la grafite senza lasciare residui, mentre una gomma in vinile è utile per correzioni più precise.

STRUMENTI PER SFUMARE: Considerate l'aggiunta di un ceppo o di un tortillon per sfumare la grafite e creare transizioni uniformi.

TEMPERINO: Mantenete le matite affilate con un temperamatite di qualità o un blocco di carta vetrata per ottenere linee e dettagli precisi.

MATERIALE DI RIFERIMENTO: Raccogliete fotografie o immagini di volti da usare come riferimento mentre vi esercitate. È possibile trovare molte risorse gratuite online o utilizzare riviste e libri per trarre ispirazione.

EXTRA OPZIONI: Se vi sentite avventurosi, sperimentate con matite colorate, carboncino o pastelli per aggiungere profondità e dimensione ai vostri ritratti.

CONSIGLIO:

Considerate la durezza e la morbidezza: Le matite sono classificate in base alla loro durezza (H) e morbidezza (B). Le matite più dure (ad esempio, 2H) producono linee più chiare, ideali per schizzi e contorni iniziali. Le matite più morbide (ad esempio, 2B, 4B) creano linee più scure e ombreggiature, perfette per aggiungere profondità e dettagli.

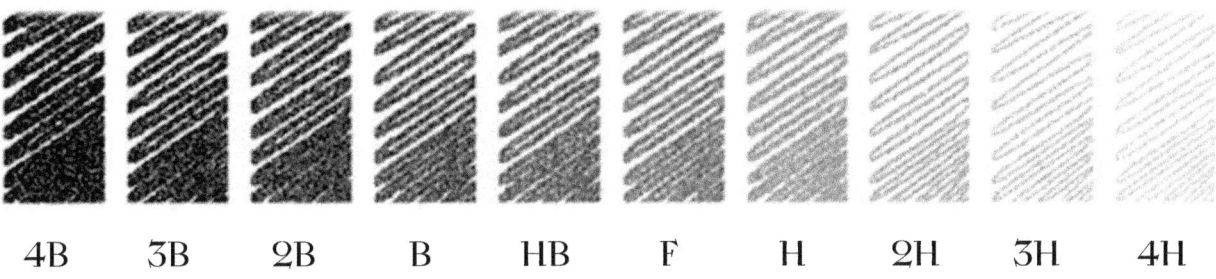

4B 3B 2B B HB F H 2H 3H 4H

CONSIGLIO:

Considerate la consistenza: La carta è disponibile in diverse consistenze, da quella liscia a quella ruvida. La carta liscia è eccellente per lavori dettagliati e linee nitide, mentre la carta strutturata aggiunge profondità e carattere ai disegni. Sperimentate con diverse texture per trovare quella che si adatta meglio al vostro stile.

Tratteggio su carta liscia | Tratteggio su carta ruvida

Armati di questi materiali, siete ben attrezzati per affrontare le sfide del disegno di ritratti. Siate pazienti, curiosi e, soprattutto, godetevi il processo di dare vita ai volti sulla carta. Buon disegno!

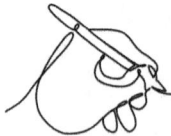 # COVA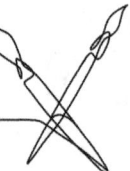

Il tratteggio è una tecnica di disegno fondamentale utilizzata per creare valore, consistenza e profondità nelle opere d'arte. Consiste nel tracciare una serie di linee parallele o di tratti ravvicinati per formare un disegno, tipicamente in linee rette o curve. Queste linee spesso si sovrappongono o si incrociano, creando aree di tono più scuro o più chiaro a seconda della loro densità e spaziatura.

Ecco perché si usa il tratteggio e alcuni suggerimenti per migliorarlo:

1. Valore e ombreggiatura: Il tratteggio viene utilizzato principalmente per rappresentare le luci e le ombre nei disegni. Variando la densità, la lunghezza e la direzione dei tratteggi, gli artisti possono creare l'illusione del volume e della forma, aggiungendo profondità e dimensione alle loro opere.

2. Texture: Il tratteggio può essere utilizzato anche per creare texture nei disegni, come la superficie ruvida del legno o la morbida pelliccia di un animale. Variando la spaziatura e l'angolo dei tratteggi, gli artisti possono imitare l'aspetto di superfici e materiali diversi.

3. Dettaglio e definizione: Il tratteggio è una tecnica efficace per aggiungere dettagli e definizione ai disegni. Sovrapponendo con cura i tratteggi, gli artisti possono esaltare i contorni, i bordi e le caratteristiche degli oggetti, creando un senso di realismo e profondità.

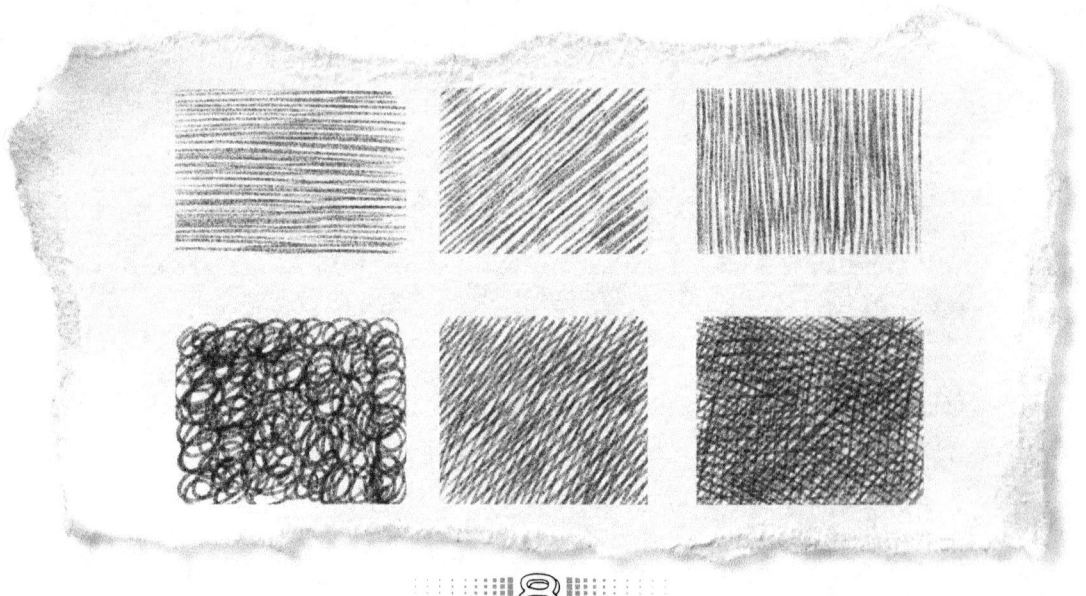

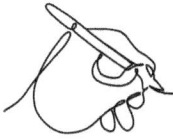 # TIPI DI SCHIUSA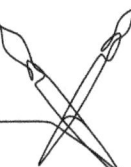

TRATTEGGIO PARALLELO: è il tipo di tratteggio più comune, in cui le linee parallele sono tracciate a stretto contatto, in genere nella stessa direzione. La spaziatura e la densità delle linee determinano l'oscurità o la luminosità dell'area da ombreggiare.

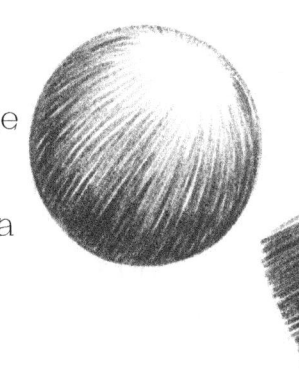

TRATTEGGIO INCROCIATO: il tratteggio incrociato consiste nel tracciare serie di linee parallele in direzioni diverse, creando un motivo simile a una rete. Stendendo le linee a varie angolazioni, gli artisti possono ottenere toni più scuri e ombre più profonde, aggiungendo dimensione e volume ai loro disegni.

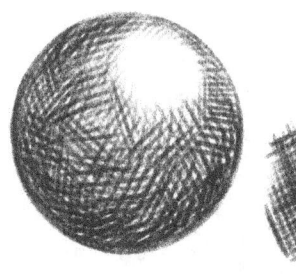

TRATTEGGIO DEI CONTORNI: nel tratteggio dei contorni, le linee vengono tracciate seguendo i contorni del soggetto. Questa tecnica aiuta a definire la forma degli oggetti, enfatizzandone le qualità tridimensionali.

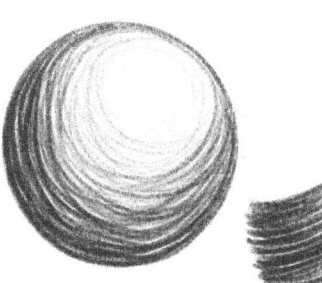

SPALMATURA: Le sbavature consentono agli artisti di sfumare e ammorbidire linee, toni e texture. Strofinando o sbavando delicatamente i mezzi da disegno, come la grafite o il carboncino, è possibile creare transizioni morbide tra le aree di luce e ombra, nonché ammorbidire i bordi irregolari.

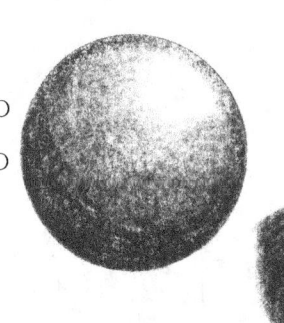

STIPPLING: Anche se non si tratta di un tratteggio vero e proprio, lo stippling consiste nel creare ombreggiature e texture utilizzando punti anziché linee. Variando la densità e la spaziatura dei punti, gli artisti possono ottenere un'ampia gamma di toni ed effetti, da sfumature sottili a motivi intricati.

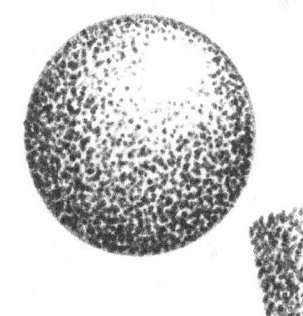

ESERCIZIO

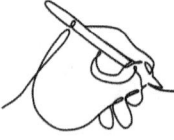
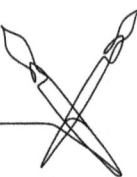

In questo esercizio ci addentreremo nell'arte del lavoro con le linee, sperimentando diverse tecniche di tratteggio e variazioni di intensità.

1. Scegliere il supporto e gli strumenti di disegno.
2. Sperimentate le tecniche di tratteggio: parallelo, incrociato, di contorno e di taglio.
3. Variare l'intensità del tratto da deciso a delicato regolando la pressione.

Sentitevi liberi di esplorare e sperimentare!

Schiusa

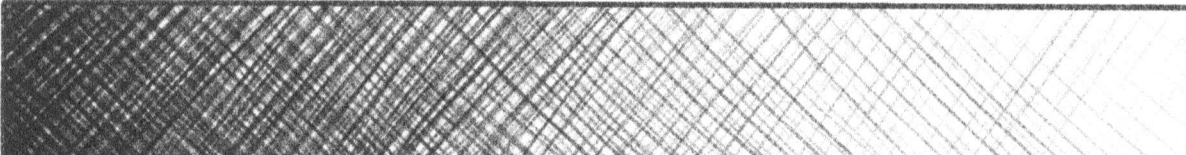

Tratteggio incrociato

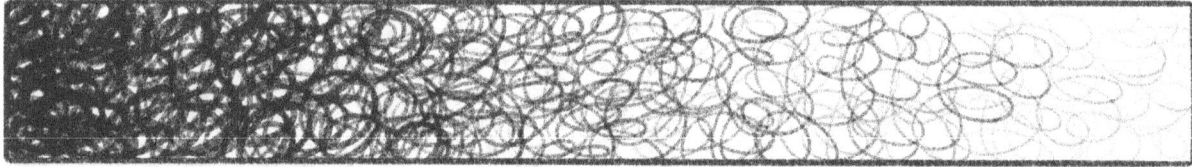

Linea sciolta

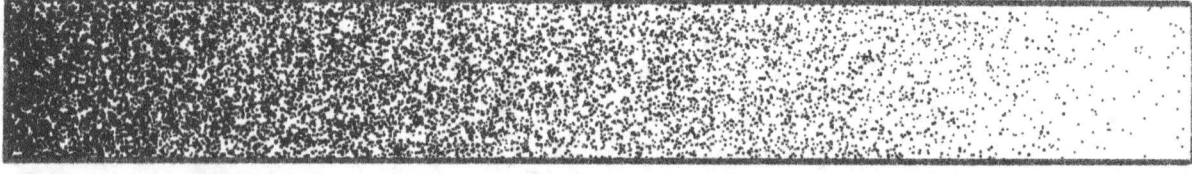

Punteggiatura

Sbavature

ESERCIZIO

Immergiamoci nel tratteggio di una forma semplice. Iniziate con un cerchio e utilizzate varie tecniche di tratteggio per dargli dimensione. Ecco un esempio per guidarvi!

Schiusa

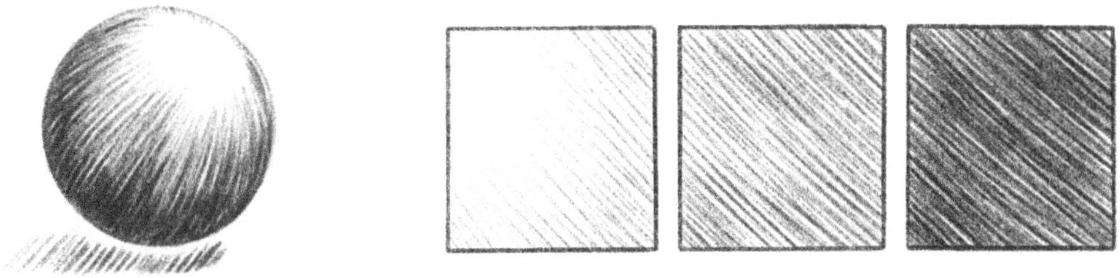

Tratteggio incrociato

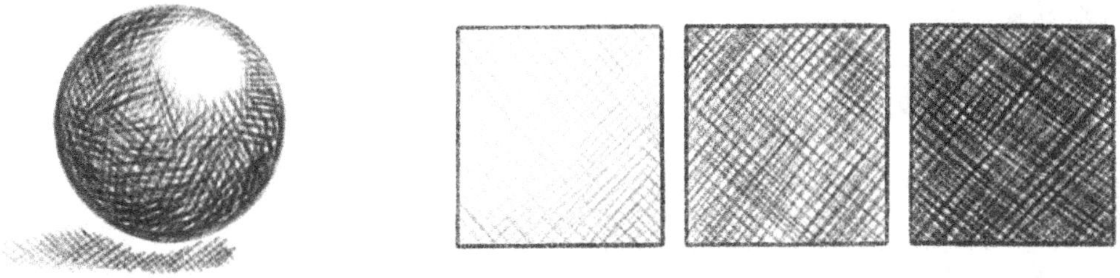

Contorno

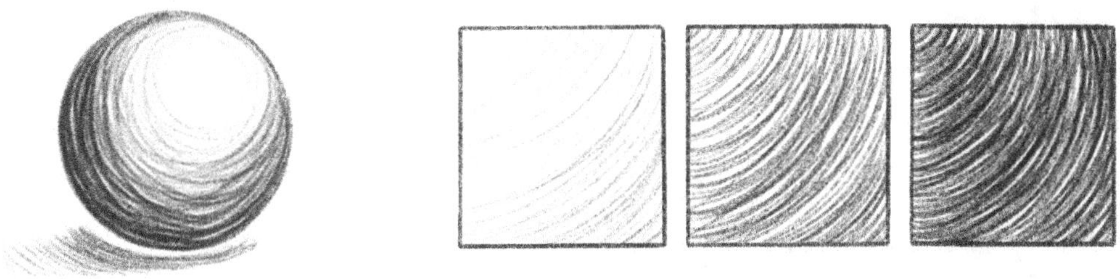

Punteggiatura

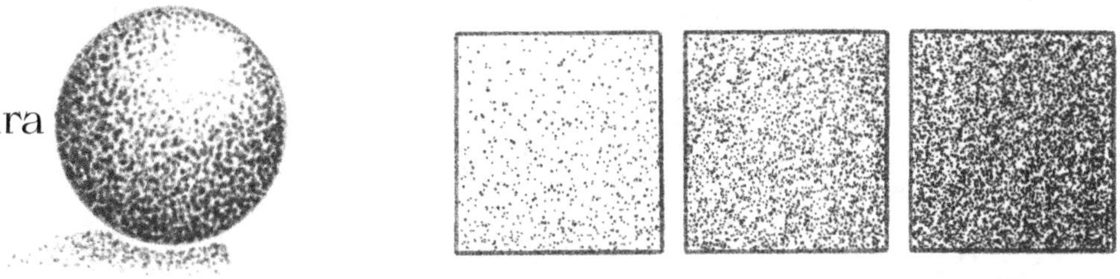

Linea sciolta

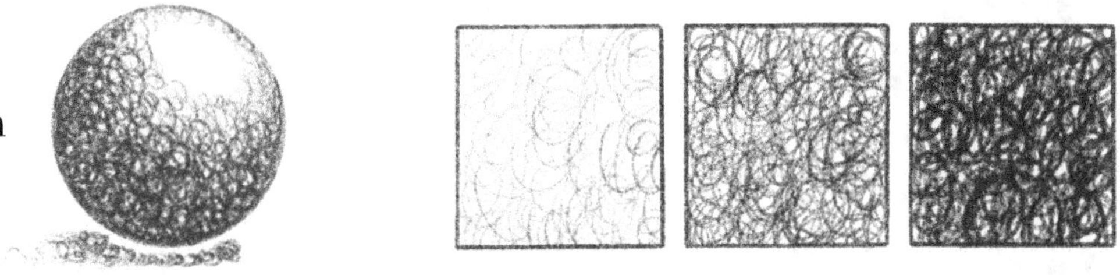

Sbavature

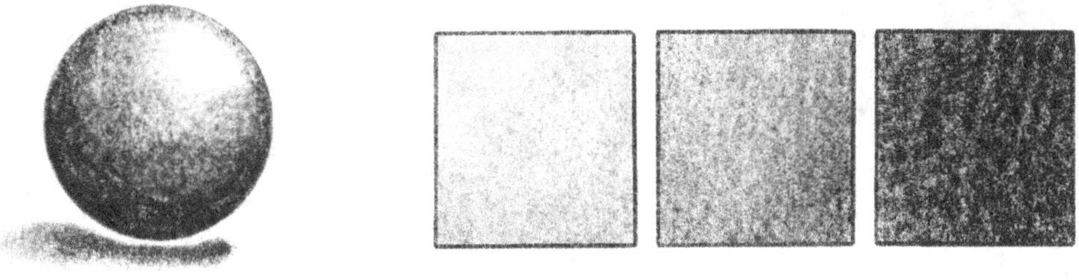

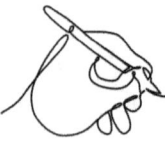 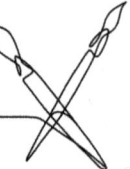

LUCI E OMBRE

La luce e l'ombra svolgono un ruolo cruciale nel creare profondità, volume e realismo nelle opere d'arte. Forniscono spunti visivi essenziali che aiutano a trasmettere all'osservatore forma, consistenza e stato d'animo
.

 La luce illumina gli oggetti, evidenziandone le superfici e definendone i contorni. Le ombre, invece, si formano quando la luce viene ostacolata o bloccata, creando aree di oscurità e contrasto. Insieme, luce e ombra lavorano in tandem per scolpire l'aspetto tridimensionale degli oggetti, dando loro peso, presenza e credibilità sulla pagina.

Esaminiamo l'esempio qui sotto!

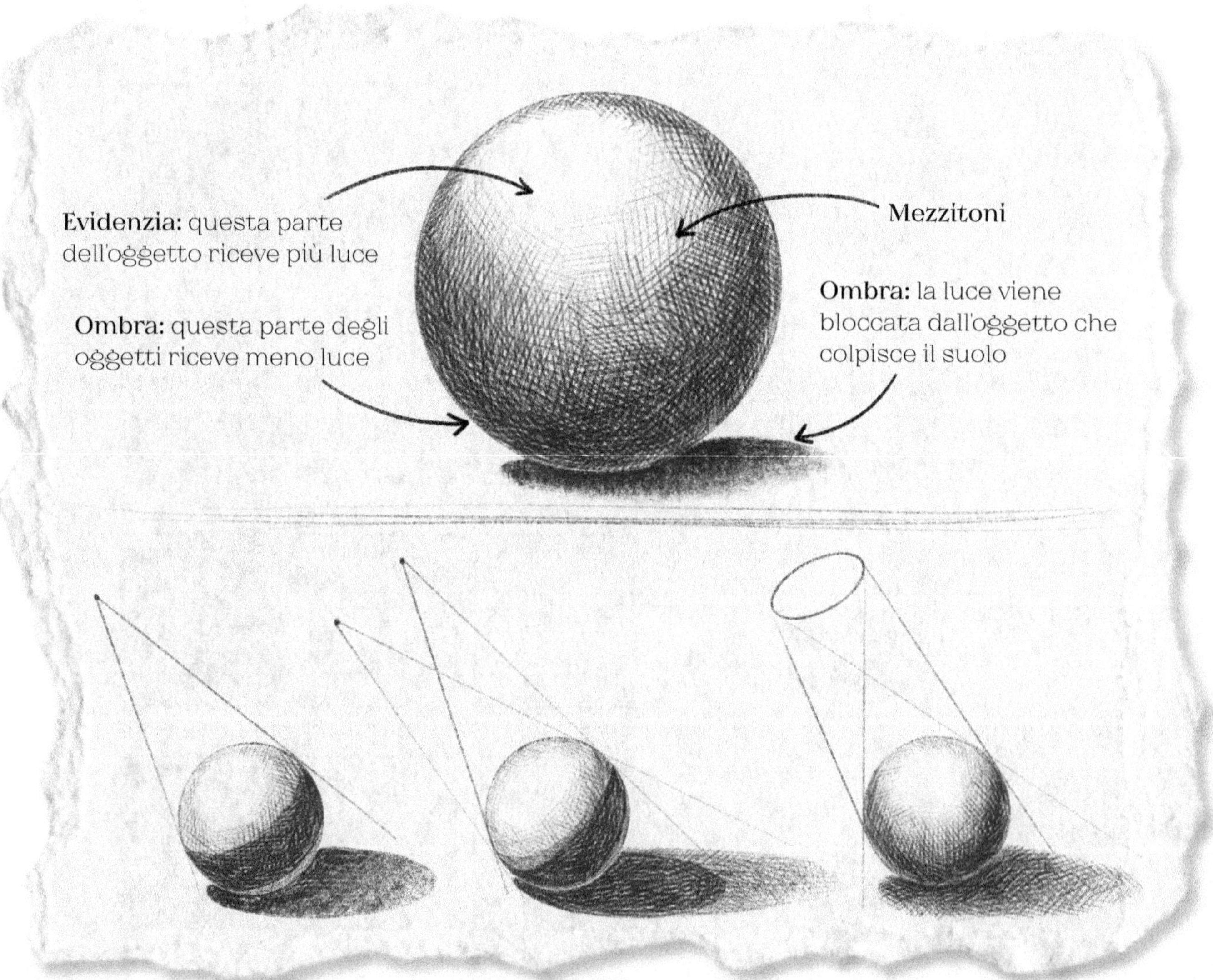

Evidenzia: questa parte dell'oggetto riceve più luce

Mezzitoni

Ombra: questa parte degli oggetti riceve meno luce

Ombra: la luce viene bloccata dall'oggetto che colpisce il suolo

SUGGERIMENTI: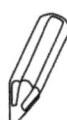

1. **OSSERVARE:** Iniziate osservando attentamente il soggetto e analizzando come la luce cade sulle sue superfici. Prestate attenzione alla direzione, all'intensità e alla qualità della luce, nonché alle forme delle ombre.

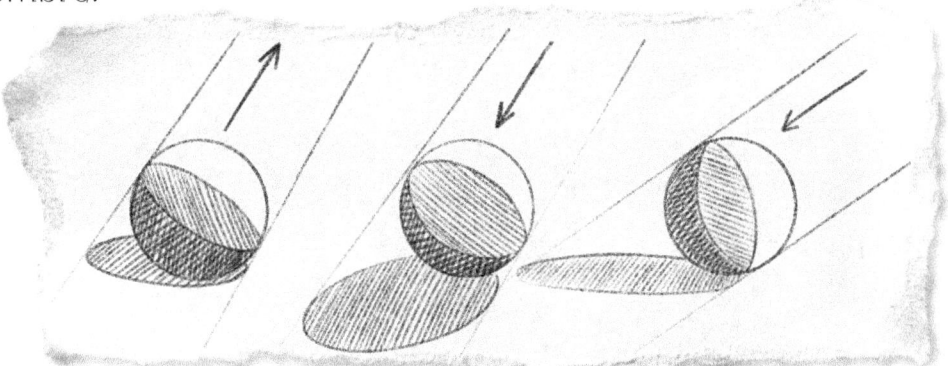

2. **SCHIZZARE LA FORMA:** Iniziare a disegnare i contorni e le forme di base del soggetto, utilizzando tratti leggeri e sciolti. Concentratevi sulla cattura della forma e delle proporzioni complessive, nonché sulle principali aree di luce e ombra.

3. **IDENTIFICARE LE FONTI DI LUCE:** Determinare la fonte di luce primaria e la sua direzione.

4. **BLOCCARE I TONI DI BASE:** Iniziare a bloccare le aree di luce e ombra di base utilizzando i valori dei toni medi. Usare la pressione della luce per creare ombreggiature morbide e uniformi, costruendo gradualmente le forme e il volume del soggetto.

5. **STABILIRE LE OMBRE PRINCIPALI:** Identificare le aree d'ombra principali, le parti più scure delle ombre.

6. **AGGIUNGERE LE LUCI:** Individuare le aree del soggetto che si trovano direttamente di fronte alla fonte di luce e aggiungere le luci di conseguenza.

7. **RIFINITURA E DETTAGLIO:** Raffinare gradualmente il disegno, aggiungendo più dettagli e texture alle superfici del soggetto. Utilizzate le tecniche di tratteggio che abbiamo imparato!

MODULI SEMPLICI

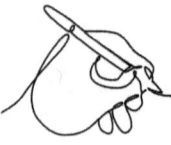
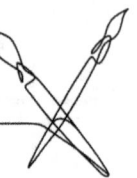

Concentriamoci sul disegno e sull'osservazione di forme semplici!

Disegnare forme semplici è importantissimo per migliorare il disegno. Ci aiuta a capire le basi della luce, dell'ombra e della forma. Ma perché è così importante?

Disegnare forme semplici allena i nostri occhi a vedere il mondo in termini di forme elementari. Questa abilità è fondamentale perché ci aiuta a scomporre gli oggetti complessi in parti più semplici.

Spesso gli oggetti complessi sono solo un insieme di forme semplici messe insieme in modi diversi. Esercitandoci a disegnare forme semplici, impariamo a individuare queste parti di base all'interno di oggetti complessi. In questo modo è molto più facile capirli e disegnarli con precisione.

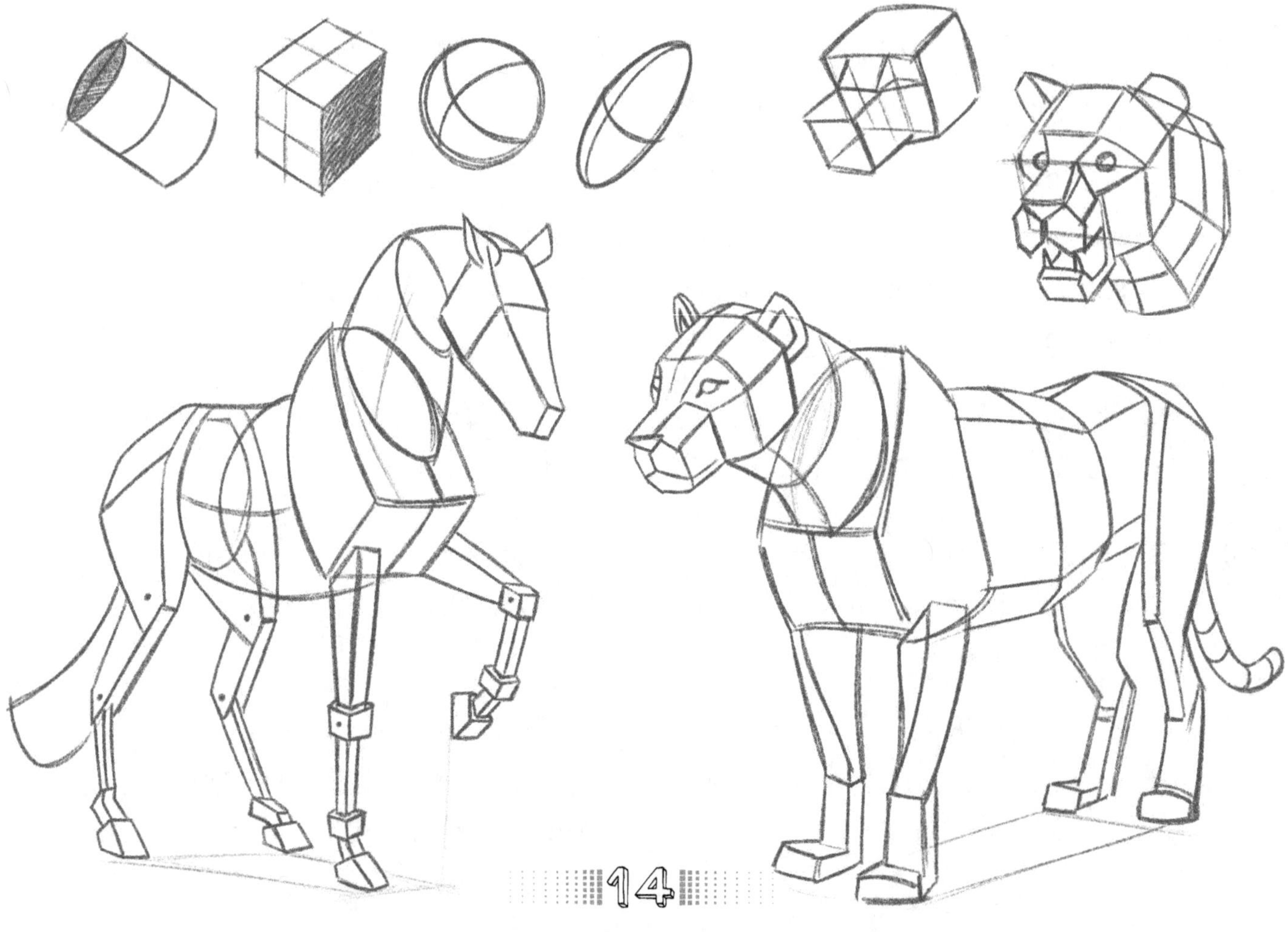

CUBO

Approfondiamo l'argomento! Ecco i tutorial per esercitarsi!

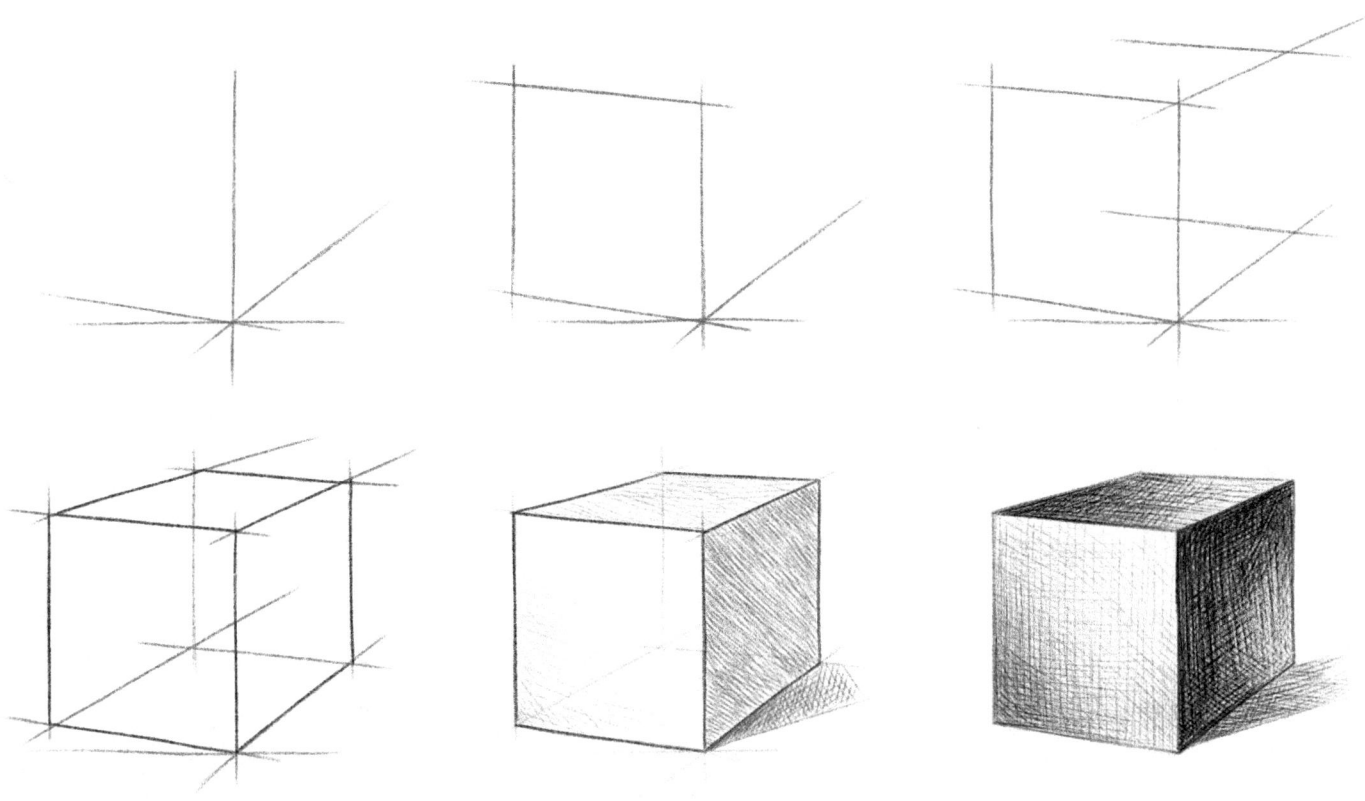

ALCUNI OGGETTI BASATI SULLA FORMA DI UN CUBO:

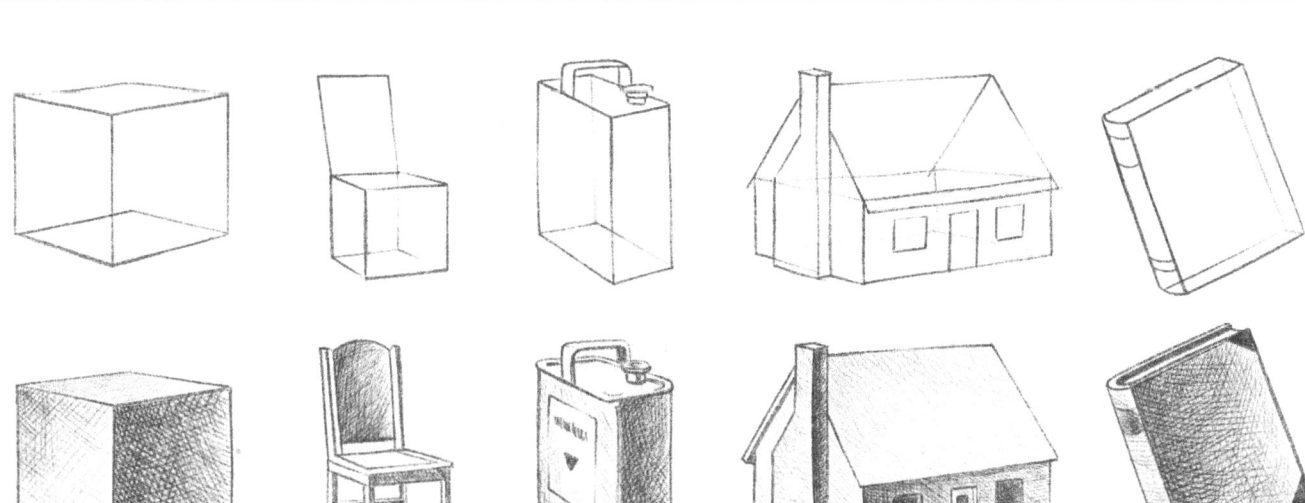

SFERA

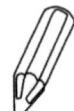

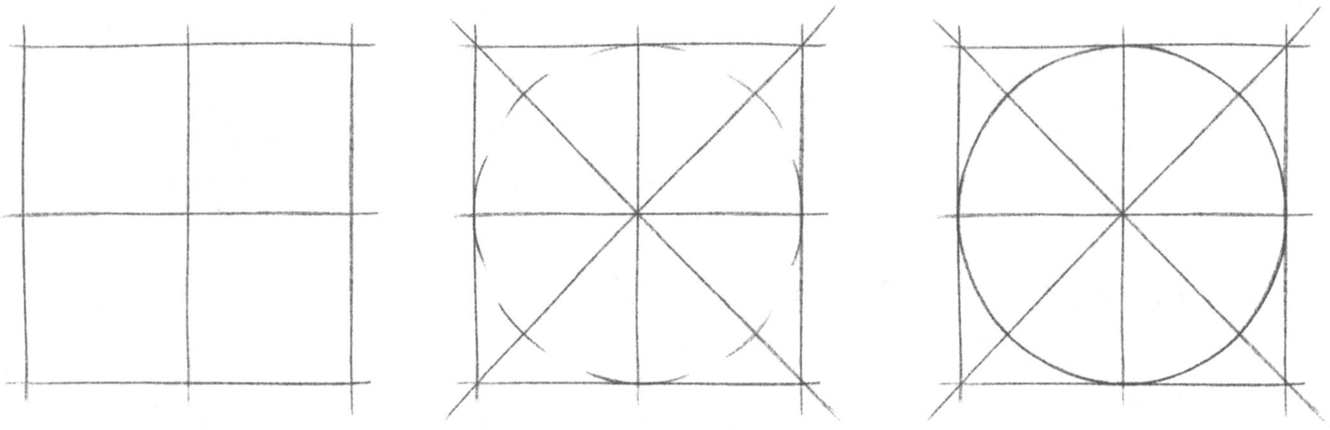

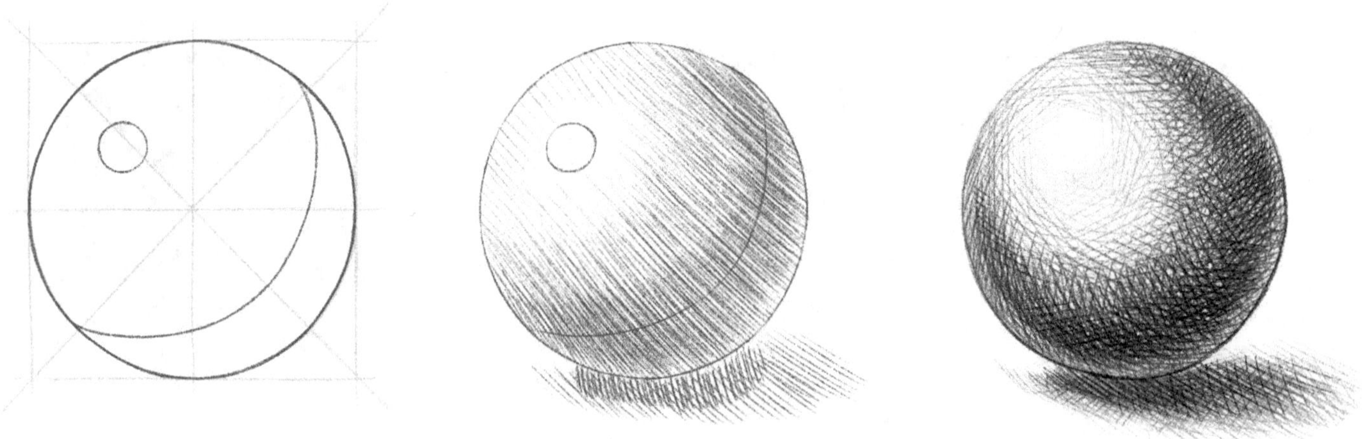

ALCUNI OGGETTI BASATI SULLA FORMA DI UNA SFERA:

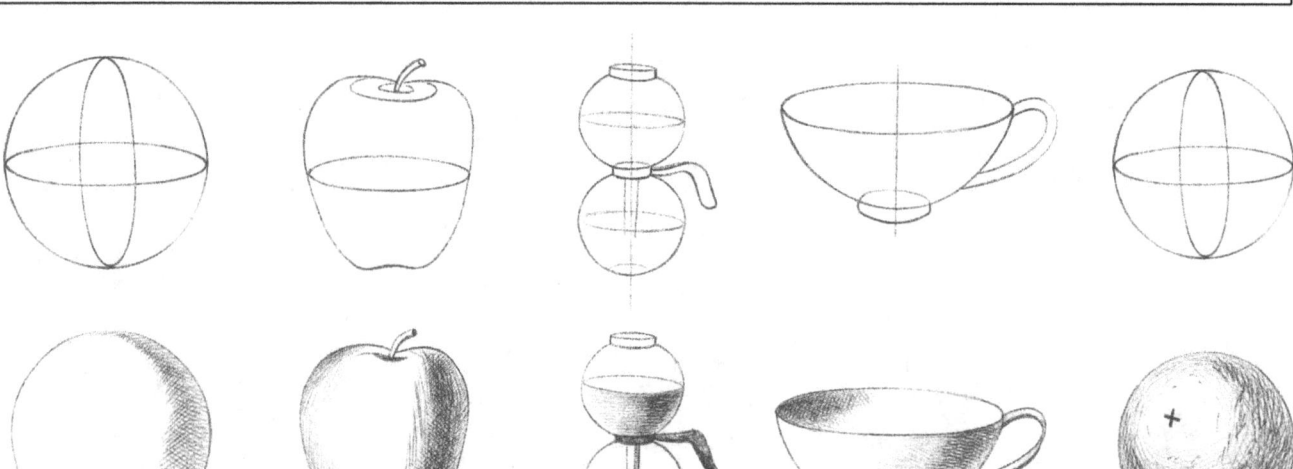

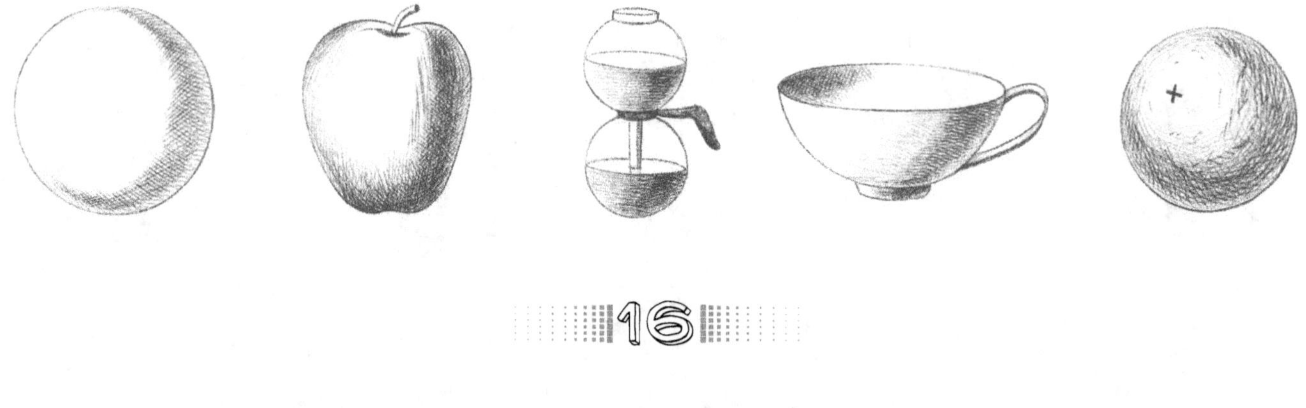

CONO

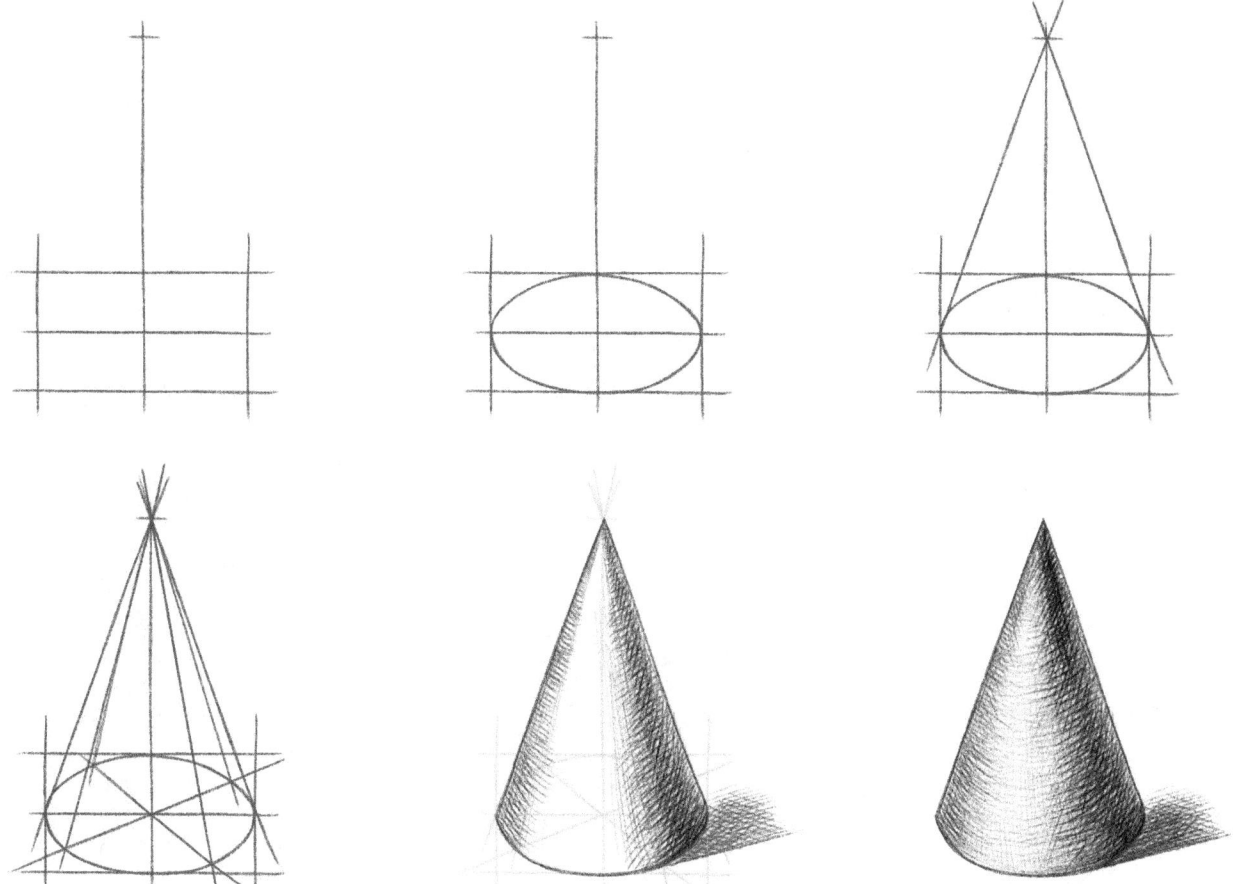

ALCUNI OGGETTI BASATI SULLA FORMA DI UN CONO:

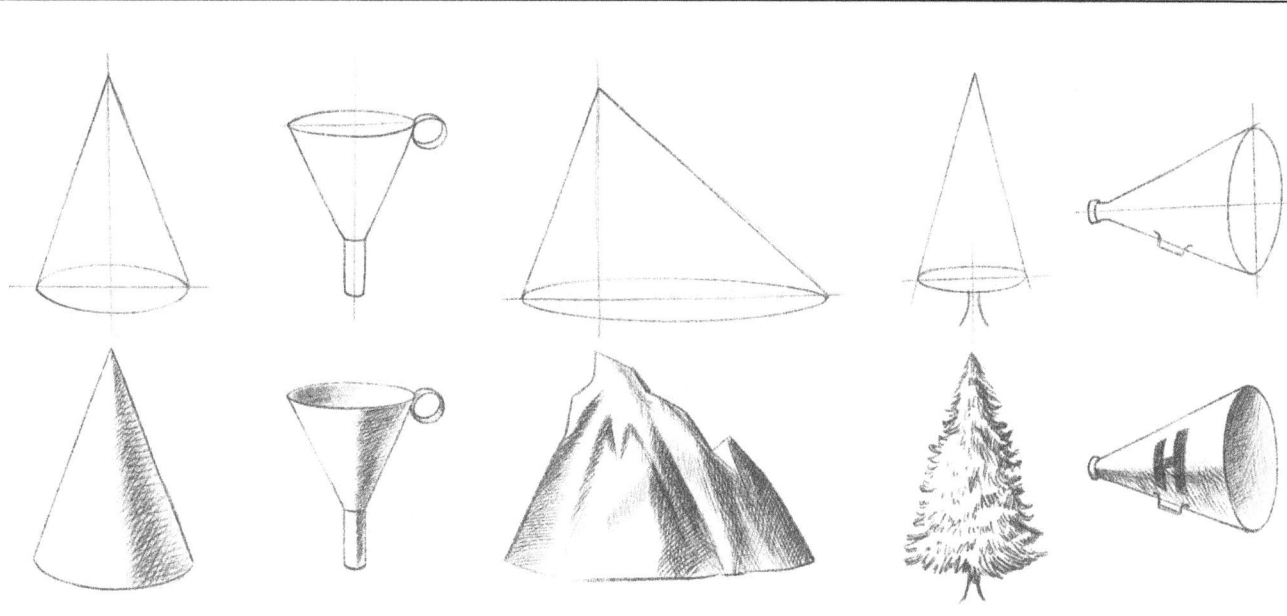

CILINDRO

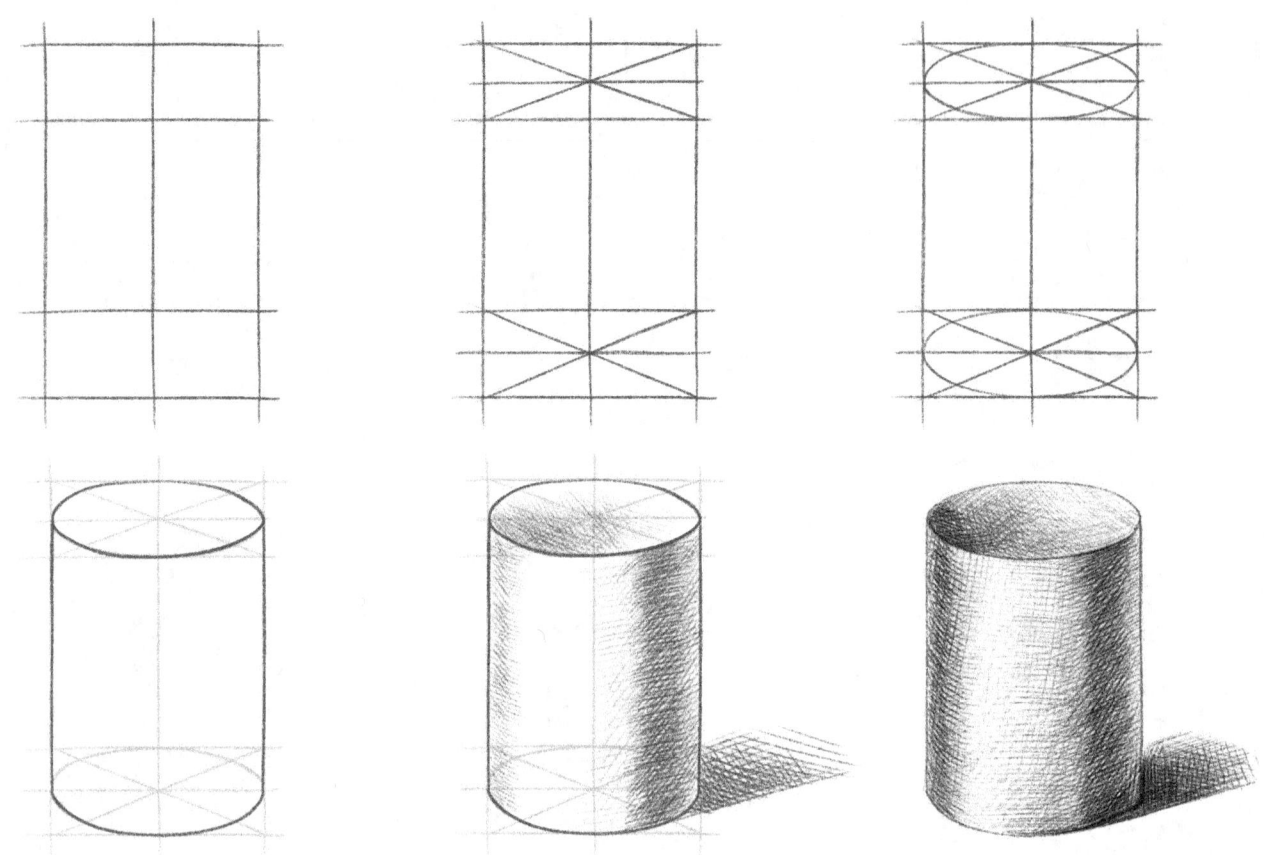

ALCUNI OGGETTI BASATI SULLA FORMA DI UN CILINDRO:

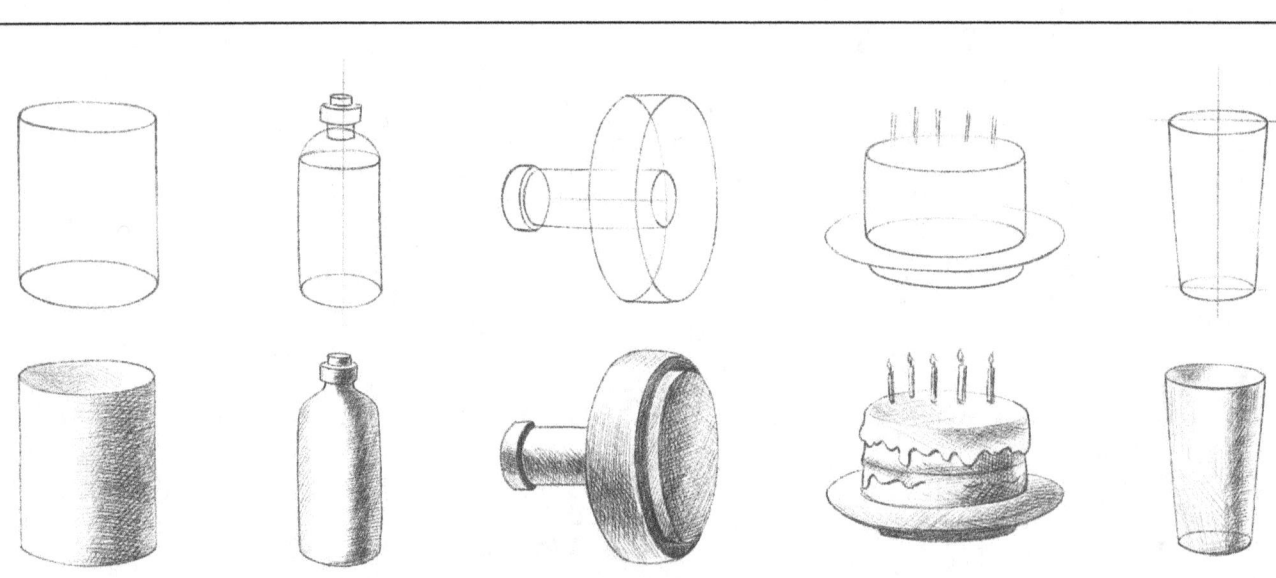

PIRAMIDE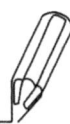

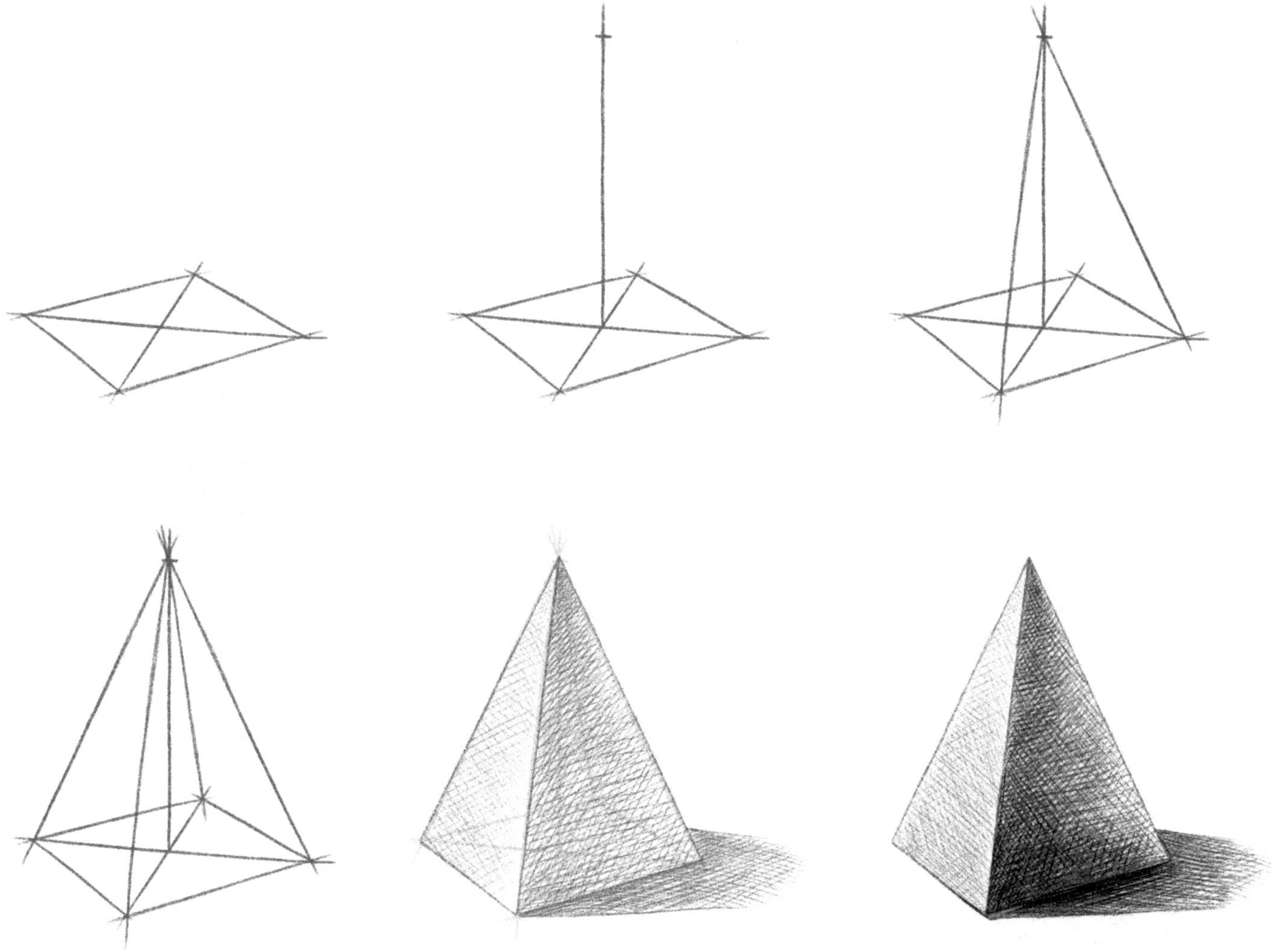

ESERCIZIO

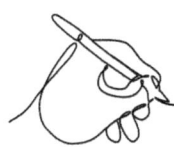 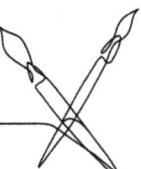

Ecco un compito per voi! Osservate l'ambiente circostante e individuate gli oggetti che possono essere disegnati sulla base della forma di una piramide.

COMPOSIZIONE

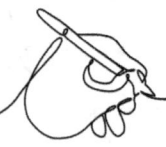

La composizione è il modo in cui gli oggetti e i soggetti che si intende disegnare sono disposti, organizzati e combinati. La composizione può anche riferirsi al modo in cui si organizzano e dispongono le cose nella propria mente prima di disegnare.
 La padronanza della composizione è fondamentale per creare opere d'arte visivamente convincenti e armoniose. Un disegno ben composto cattura l'attenzione dell'
osservatore, guida il suo sguardo attraverso l'opera e comunica efficacemente il messaggio che l'artista intende trasmettere.

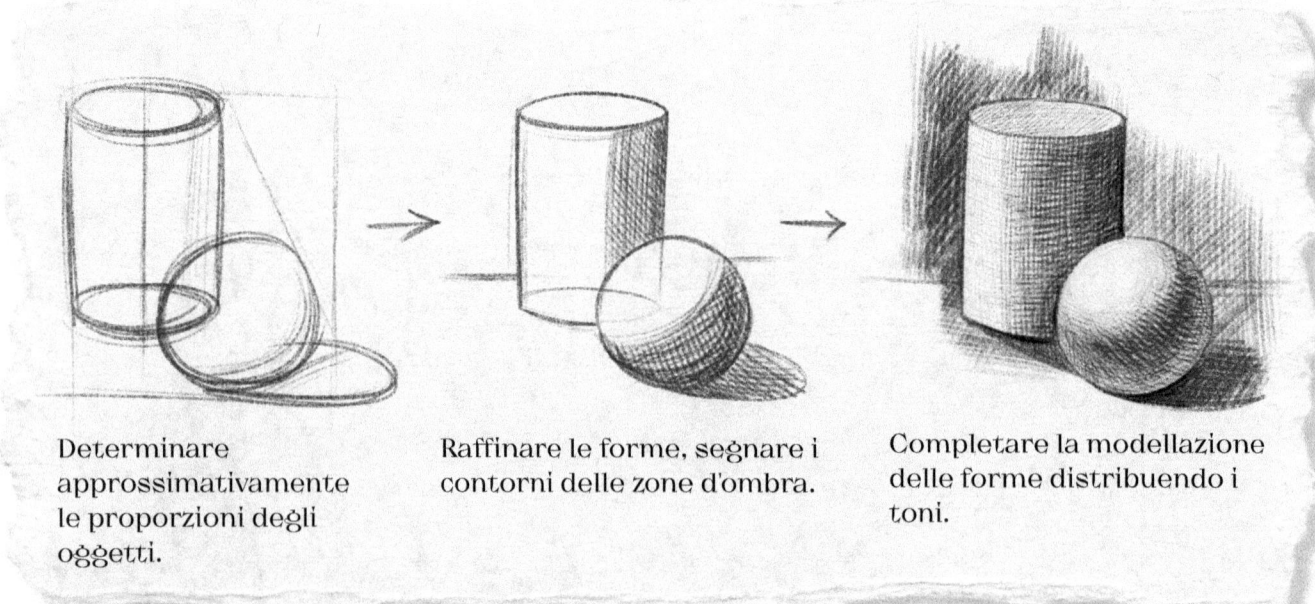

Determinare approssimativamente le proporzioni degli oggetti.

Raffinare le forme, segnare i contorni delle zone d'ombra.

Completare la modellazione delle forme distribuendo i toni.

CONSIGLI:

1. **CONSIDERARE LA REGOLA DEI TERZI:** Dividete la superficie di disegno in terzi sia in orizzontale che in verticale. Posizionate gli elementi chiave lungo queste linee o alle loro intersezioni per creare equilibrio e interesse visivo.

2. **CREARE UN PUNTO FOCALE:** Identificare il soggetto principale o il punto focale del disegno e posizionarlo in modo evidente all'interno della composizione. Utilizzate il contrasto, le dimensioni o la collocazione per attirare l'occhio dell'osservatore su questo punto focale.

3. **EQUILIBRARE GLI ELEMENTI:** Cercate di ottenere un equilibrio nella composizione, distribuendo il peso visivo in modo uniforme in tutto il disegno. Evitate di posizionare tutti gli elementi su un lato o su un angolo, perché questo può far sembrare la composizione sbilanciata e instabile.

4. **UTILIZZARE LO SPAZIO NEGATIVO:** Non trascurate l'importanza dello spazio negativo nella composizione. Utilizzate le aree vuote in modo strategico per aumentare l'attenzione sul soggetto e creare un equilibrio visivo.

Perché la composizione è importante per disegnare ritratti?

I ritratti possono variare in modo significativo in base alla loro composizione, poiché la composizione determina il modo in cui il soggetto viene presentato all'interno dell'opera d'arte. Essa funge da silenzioso direttore d'orchestra che orchestra la sinfonia di un ritratto, guidando l'occhio dell'osservatore attraverso una narrazione accattivante di emozioni, personalità e profondità.

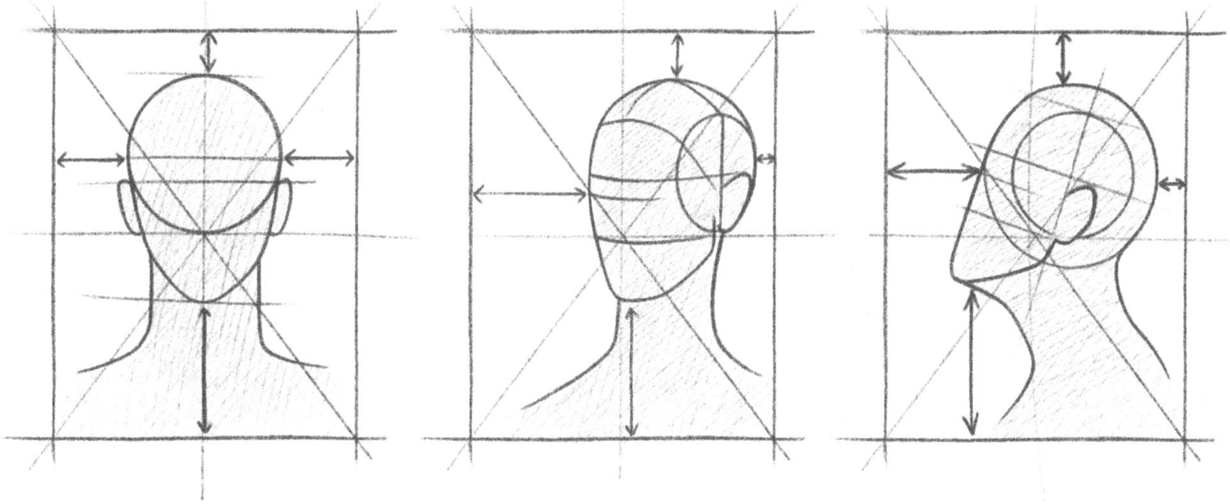

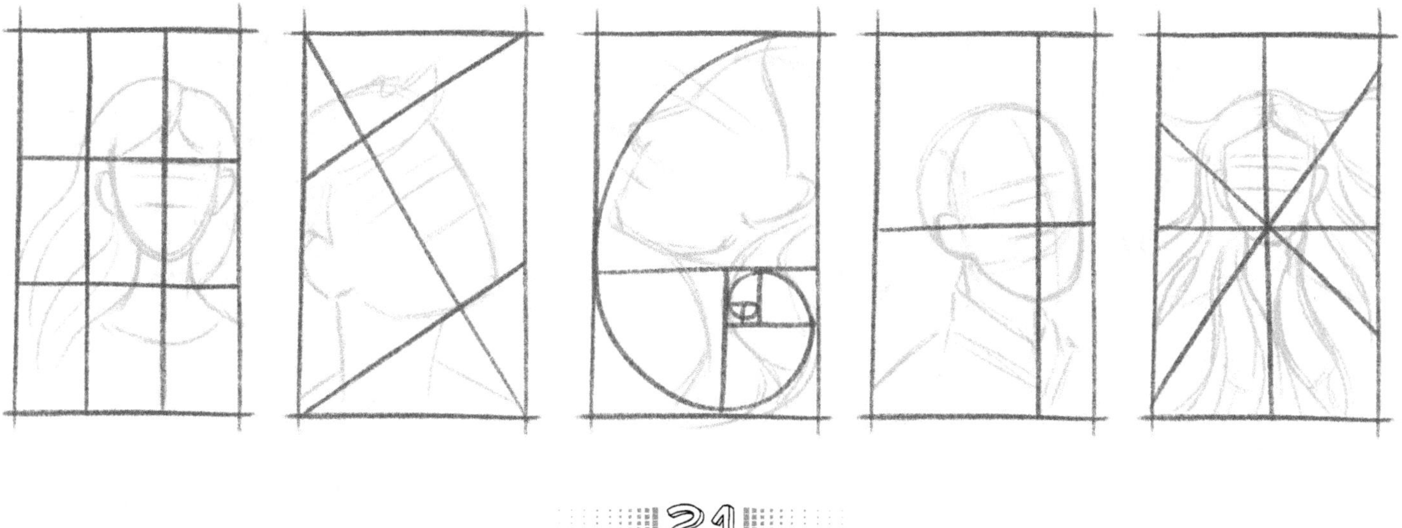

Utilizzando le competenze appena acquisite, disegnate le composizioni date, seguendo le esercitazioni.

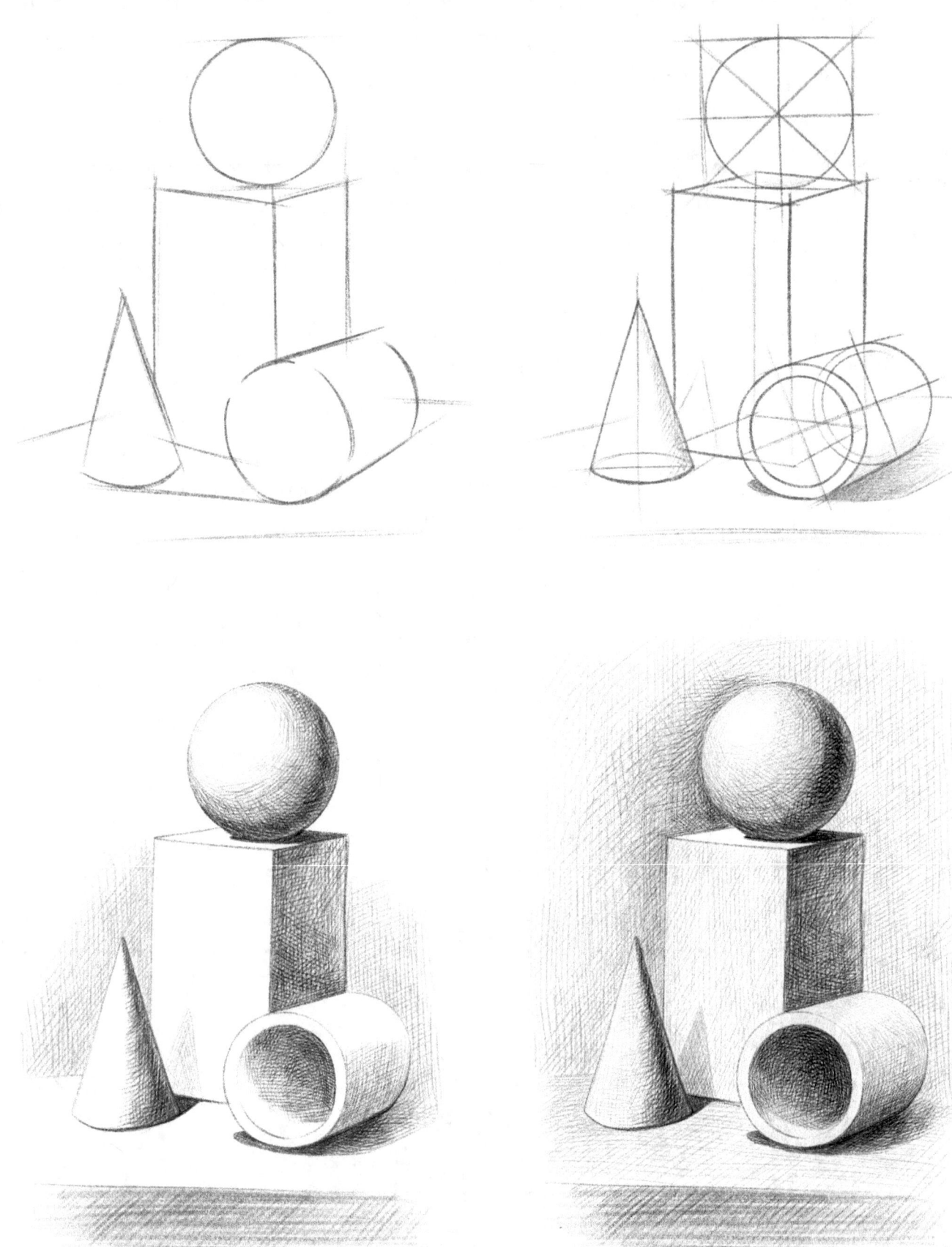

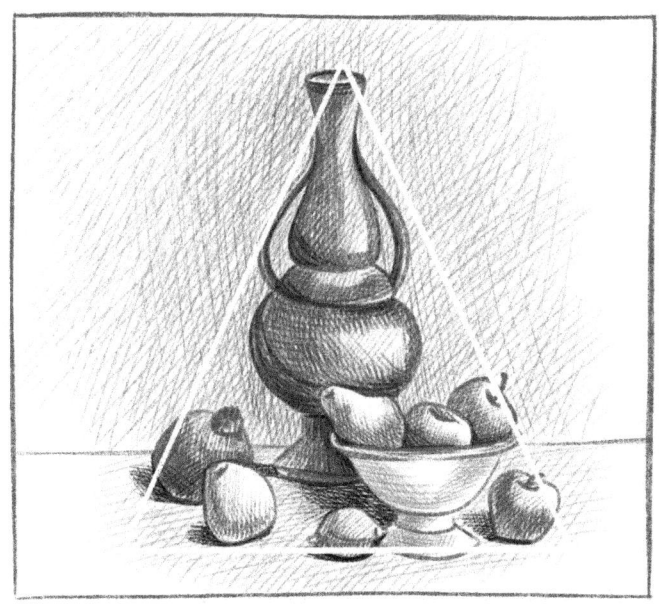
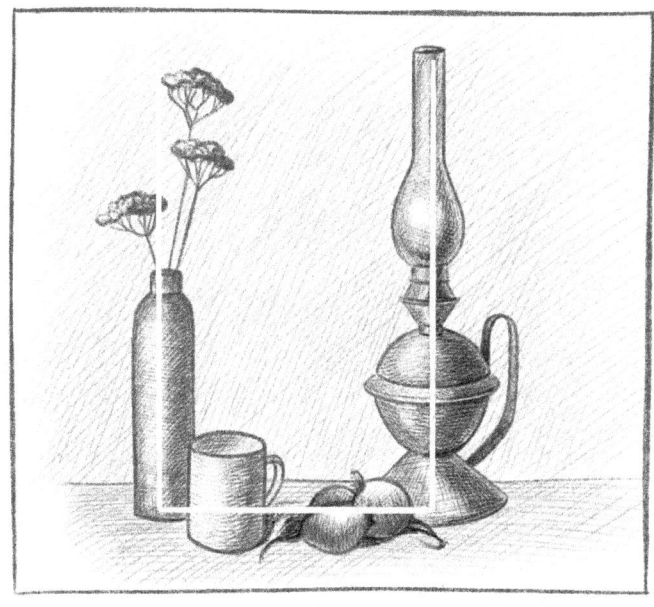
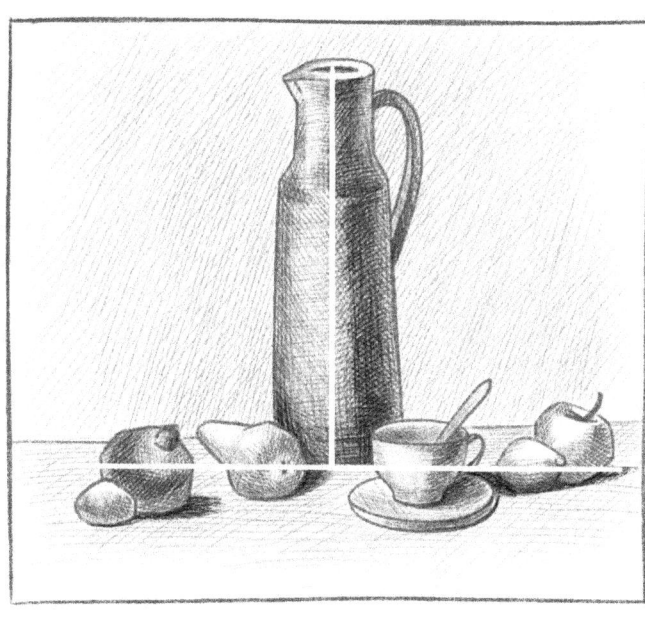
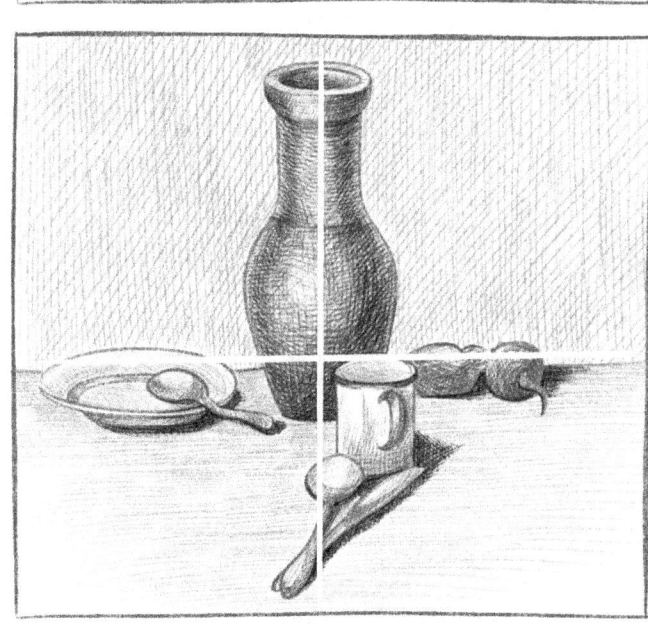
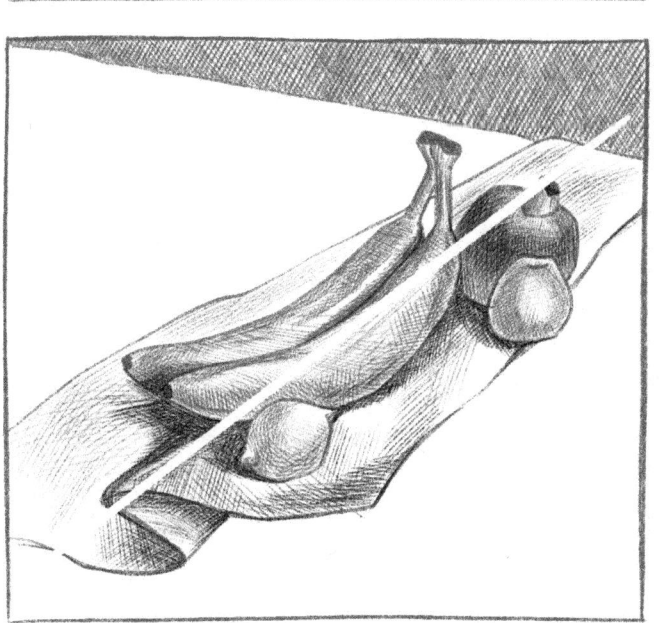
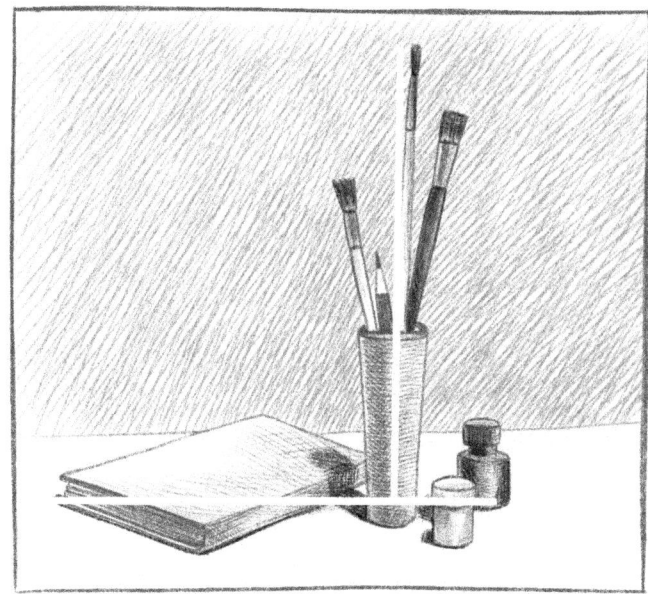

PROSPETTIVA

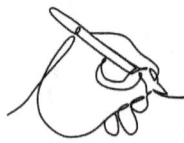
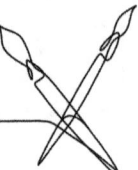

La nostra percezione del mondo circostante è strettamente legata ai principi della prospettiva. Nel campo del disegno, la prospettiva è un potente strumento per creare l'illusione dello spazio tridimensionale. Rispettare le regole della prospettiva è essenziale per realizzare disegni che appaiano realistici e credibili. In poche parole, la prospettiva aggiunge profondità, dimensione e relazioni spaziali a un'opera d'arte, dando vita a una rappresentazione realistica.

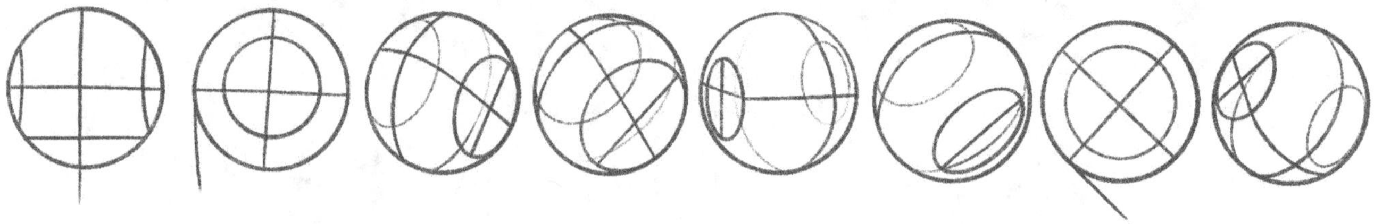

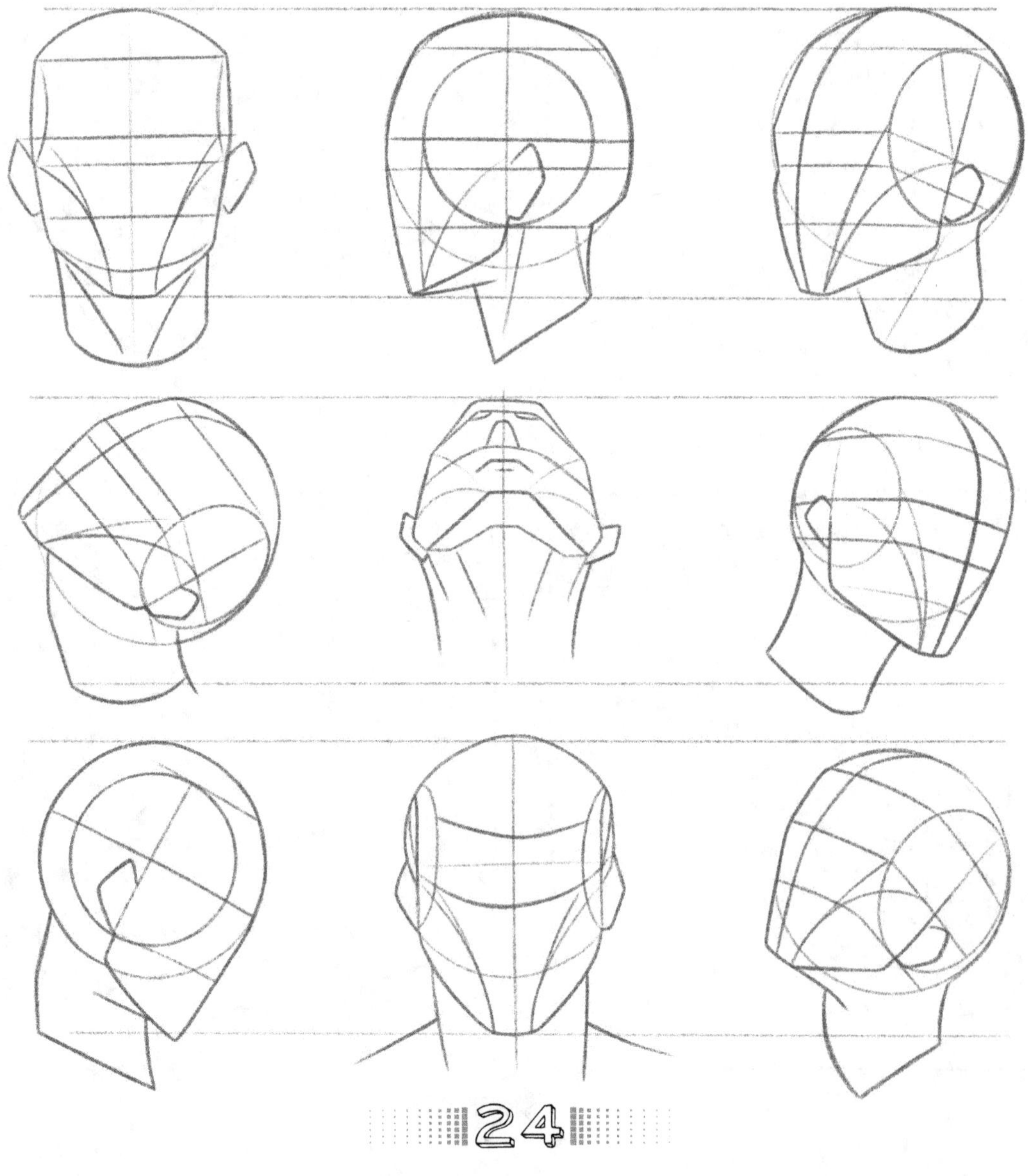

Manipolando la prospettiva, gli artisti possono trasmettere un senso di forma e di distanza tra gli oggetti, facendo in modo che siano visti da diverse angolazioni. Questo gioco dinamico di prospettive offre agli spettatori una comprensione sfaccettata dell'opera d'arte al momento della prima osservazione. Vediamo ora come disegnare un ritratto da diverse angolazioni!

PASSO 1:

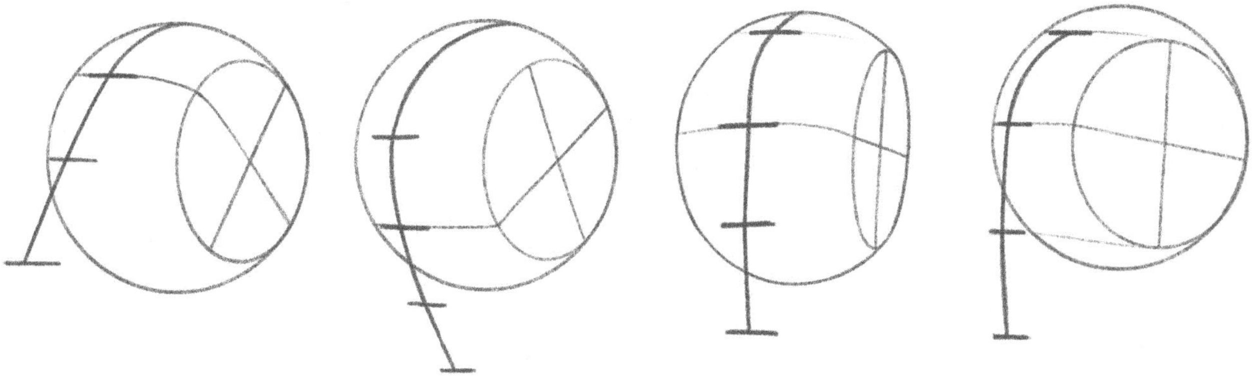

PASSO 2:

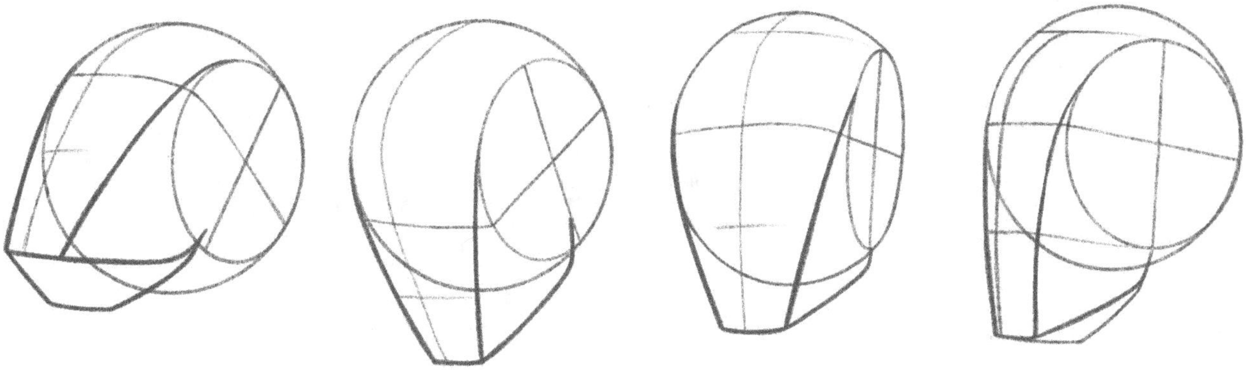

PASSO 3:

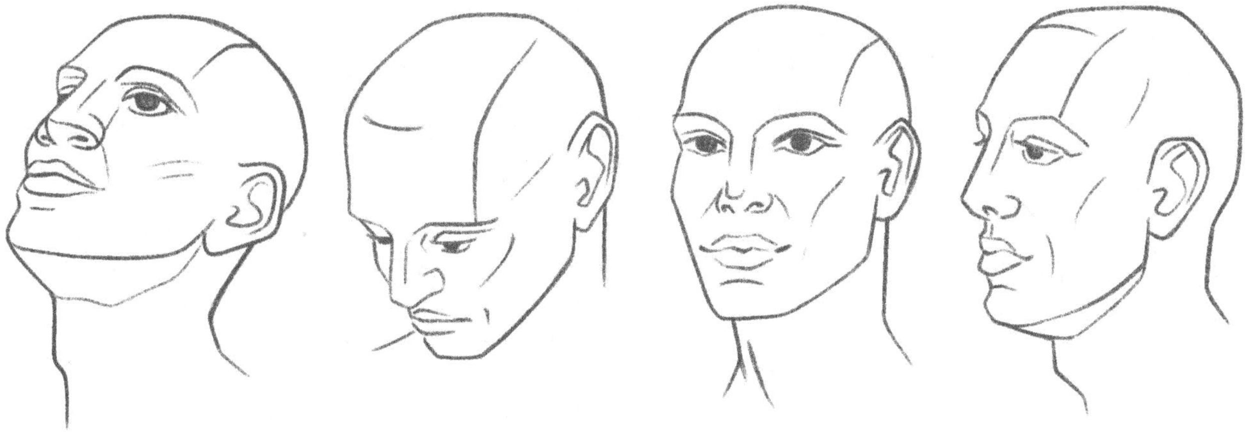

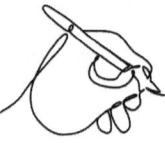 # RITRATTO DI DONNA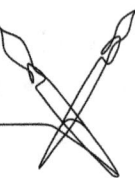

Nella diversità dei tratti del viso, le donne presentano una serie di caratteristiche che contribuiscono alla loro bellezza unica. Ogni persona ha caratteristiche facciali uniche, ma se volete rendere un ritratto più femminile, tenete presente quanto segue:

Anche le dimensioni e la forma degli occhi variano a seconda del sesso: le donne hanno spesso occhi più grandi ed espressivi rispetto agli uomini.

Le donne hanno spesso contorni del viso più morbidi e arrotondati.

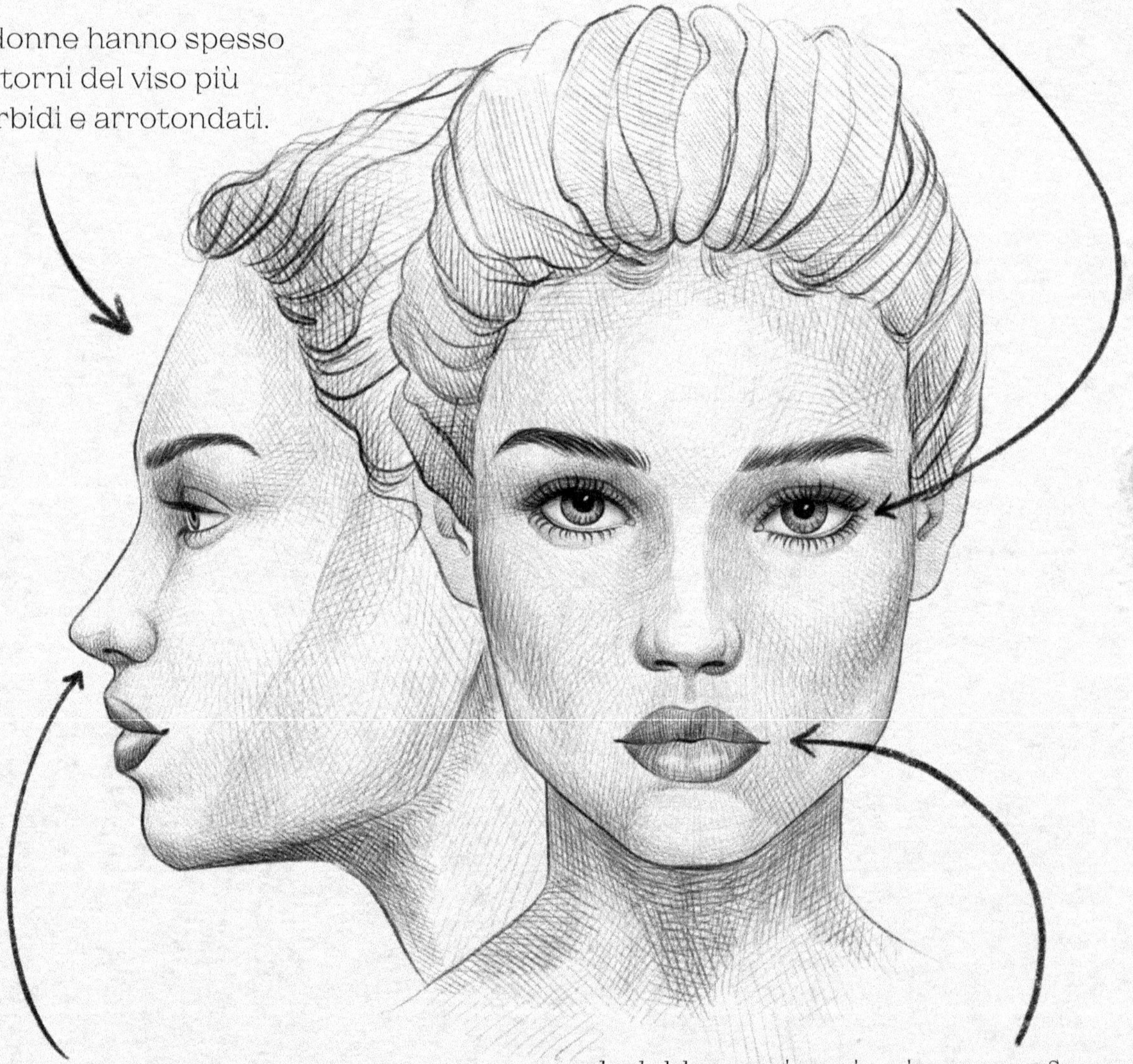

Inoltre, le donne tendono ad avere nasi più piccoli e meno pronunciati.

Le labbra variano in pienezza e forma, con le donne che spesso sfoggiano labbra più piene e arrotondate.

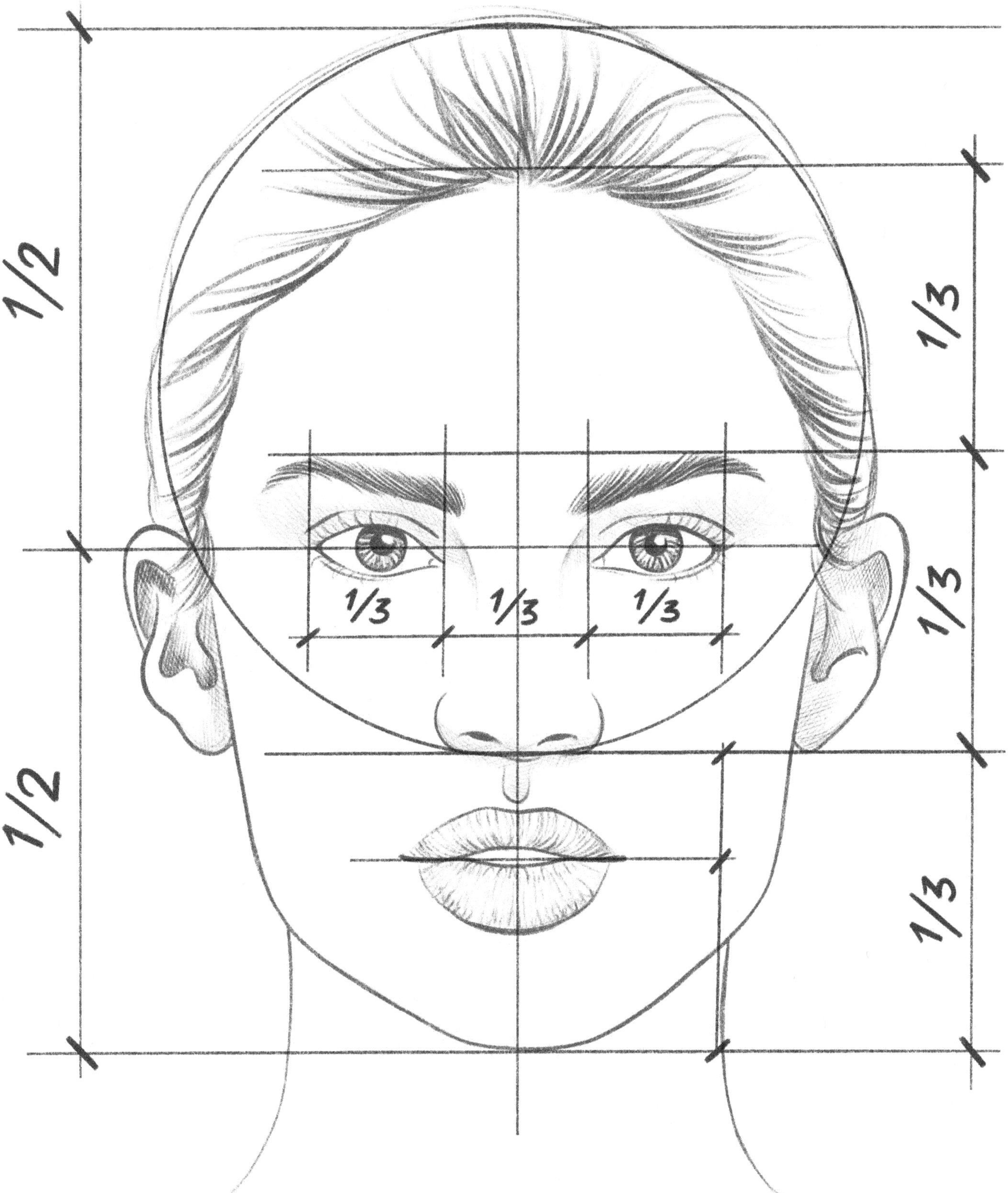

PROPORZIONI

1/2 | 1/3
1/3 | 1/3 | 1/3
1/2 | 1/3

27

ANTERIORE

OCCHIO:

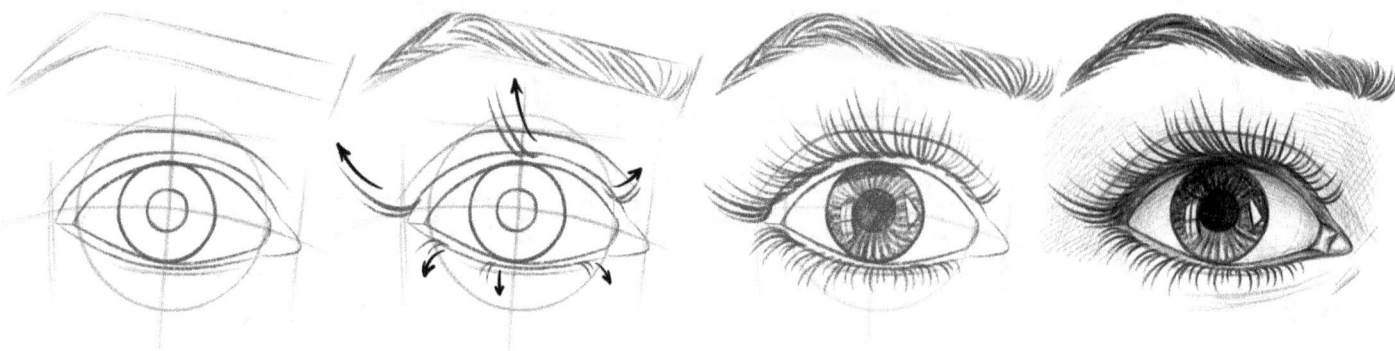

NASO:

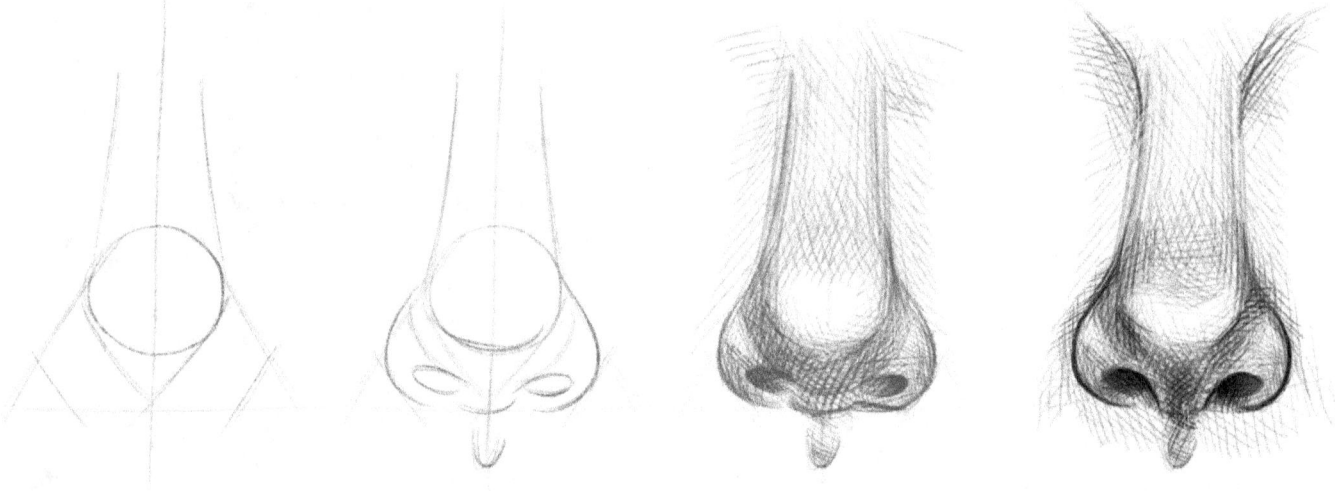

BOCCA:

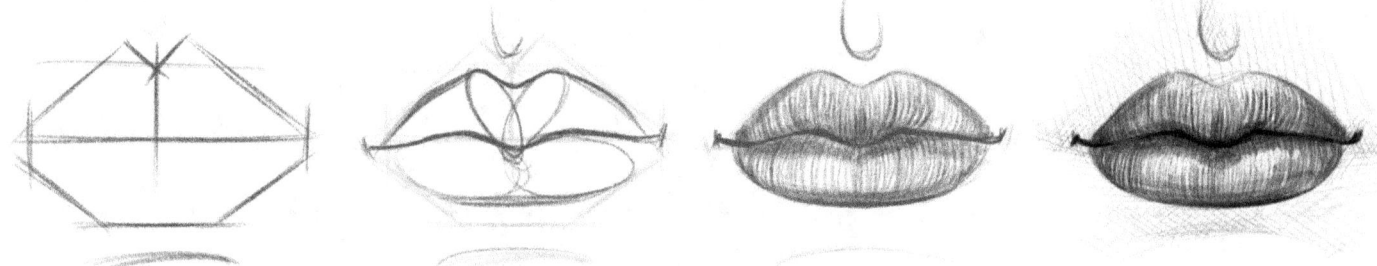

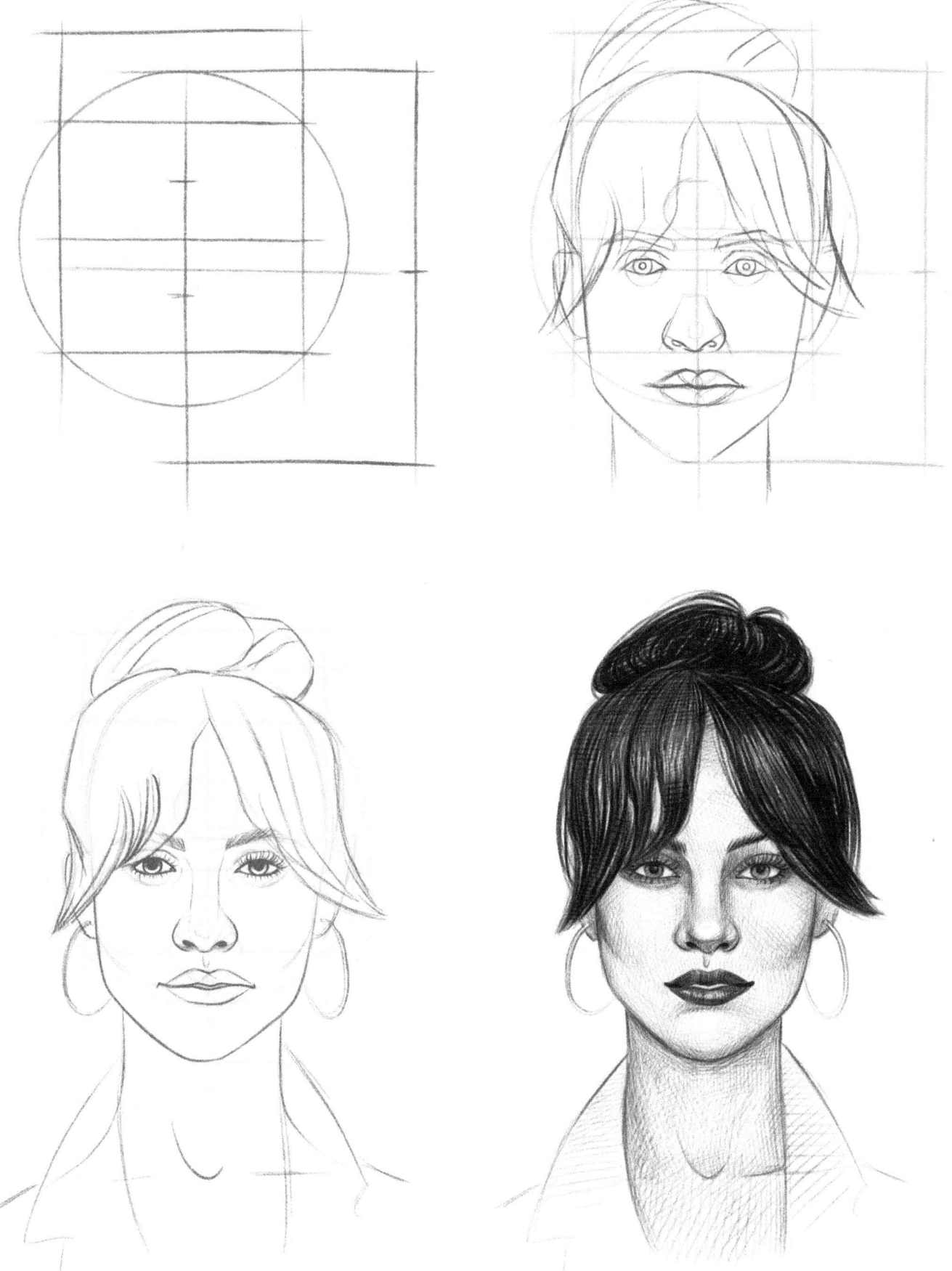

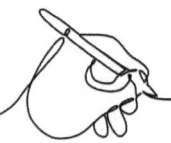 # 3/4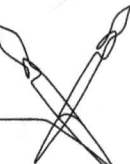

OCCHIO:

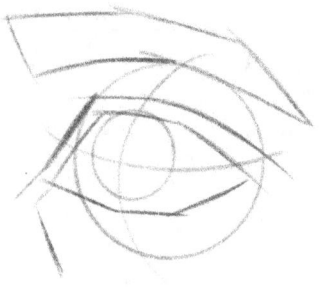 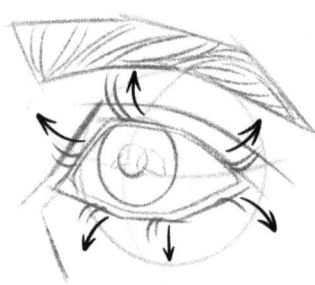 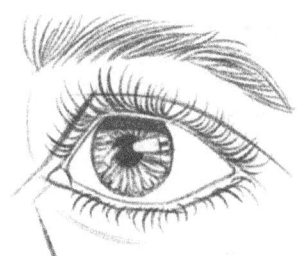 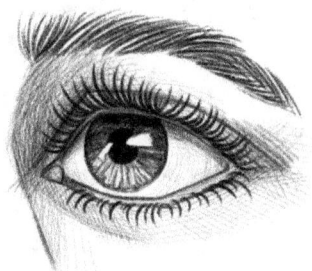

NASO:

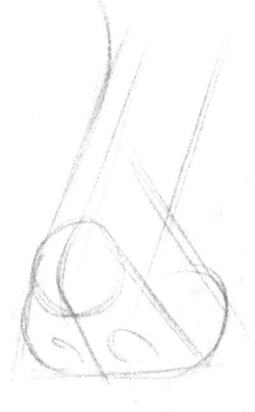 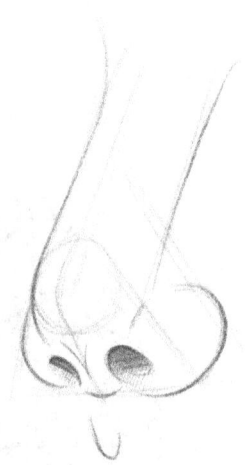 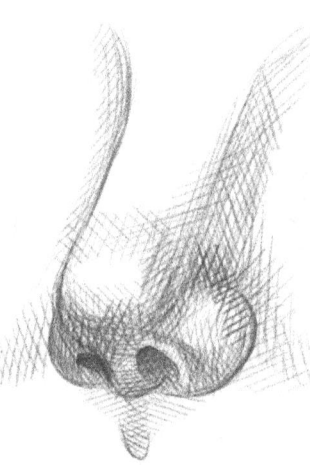 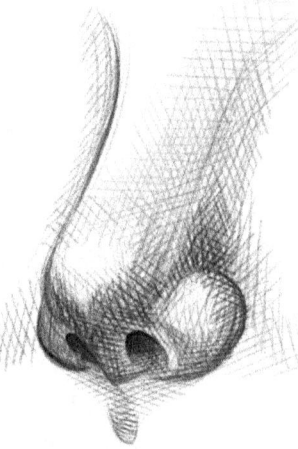

BOCCA:

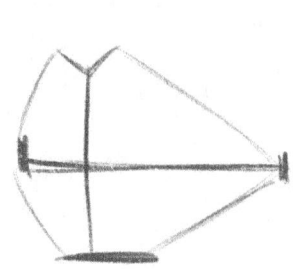 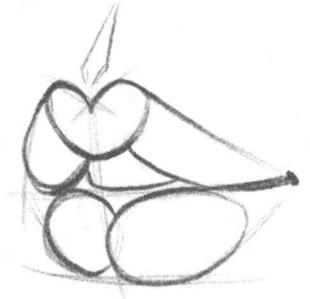 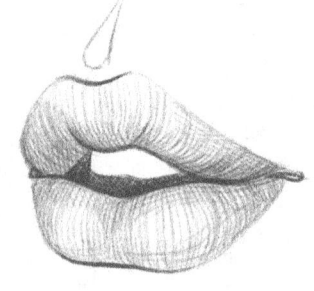 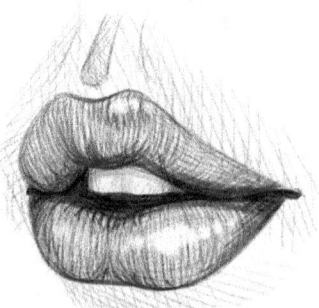

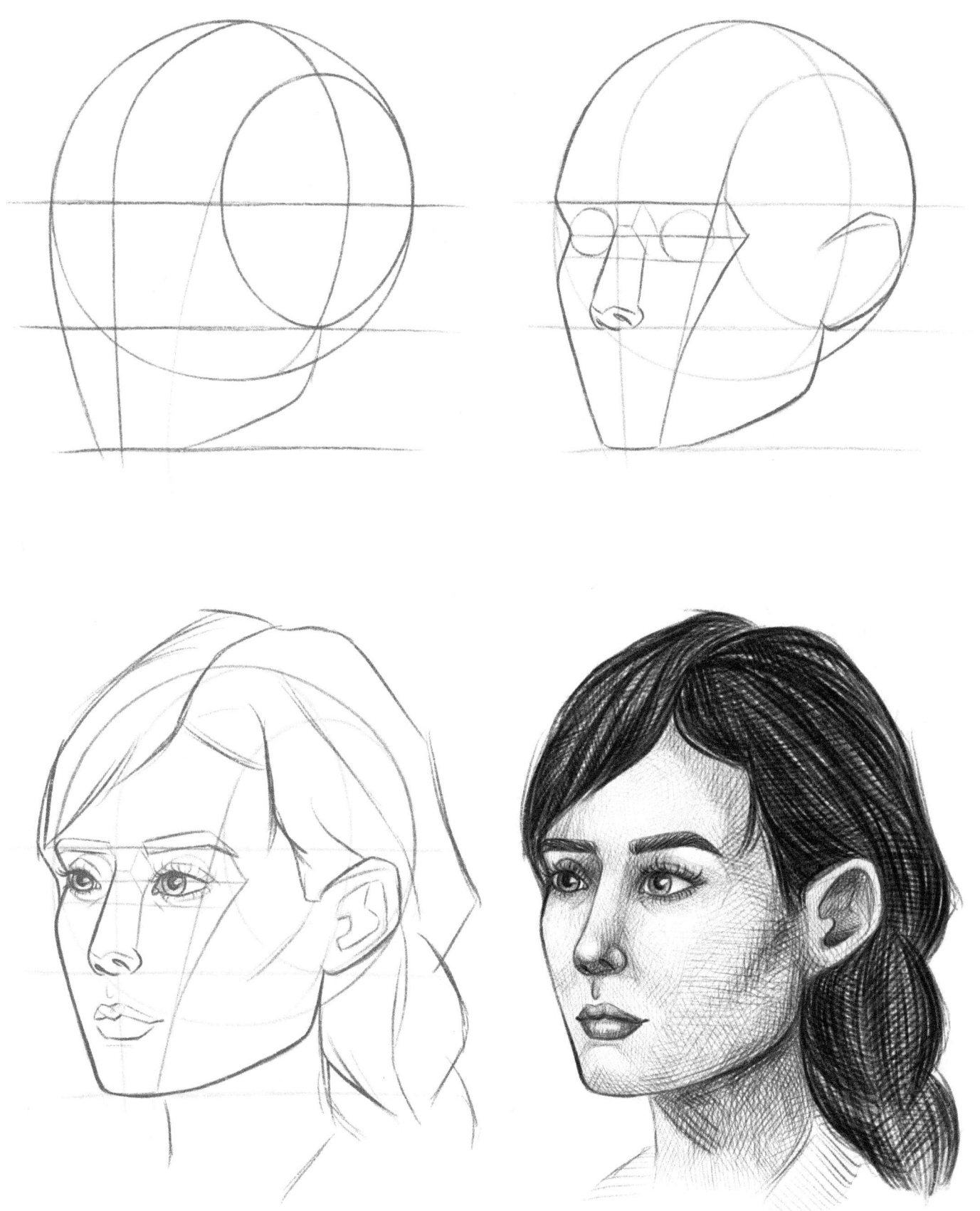

LATO

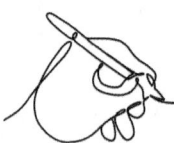
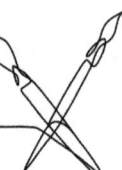

OCCHIO:

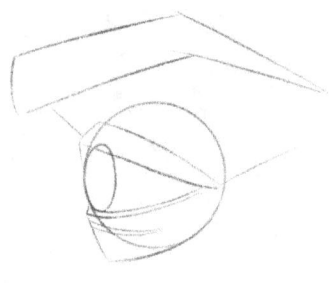
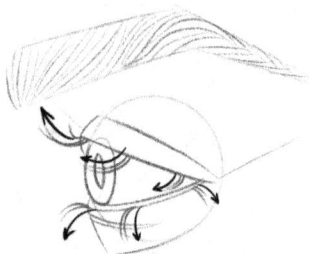
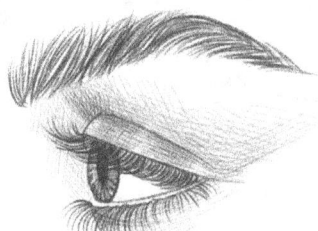
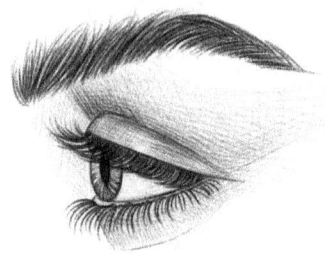

NASO:

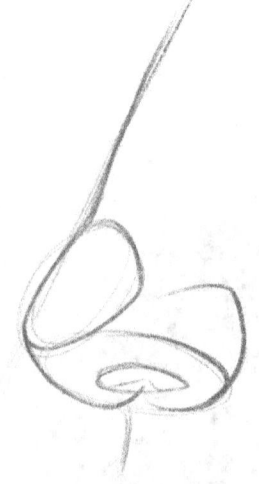
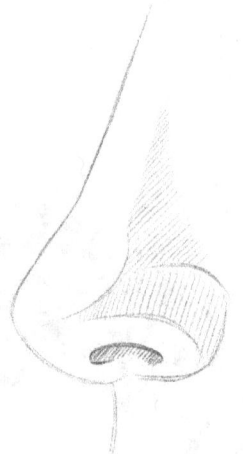
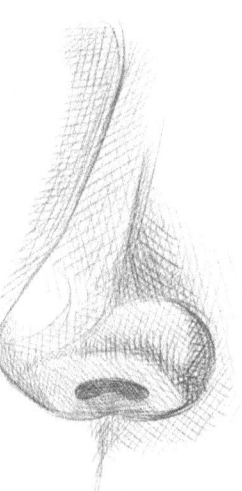
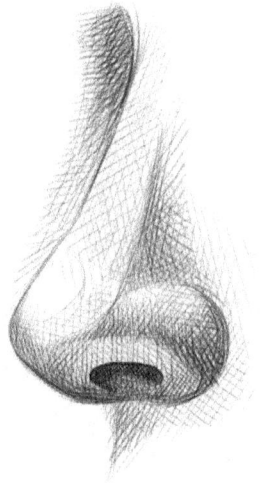

BOCCA:

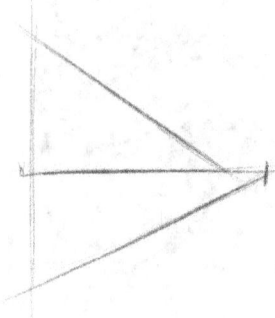
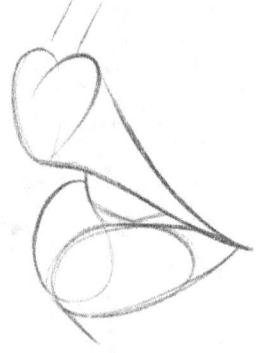
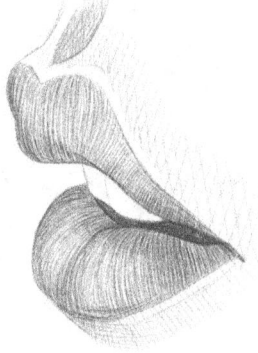
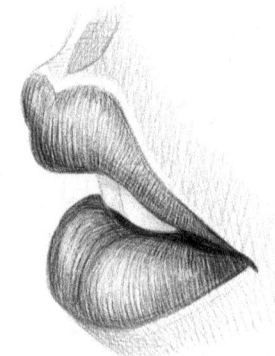

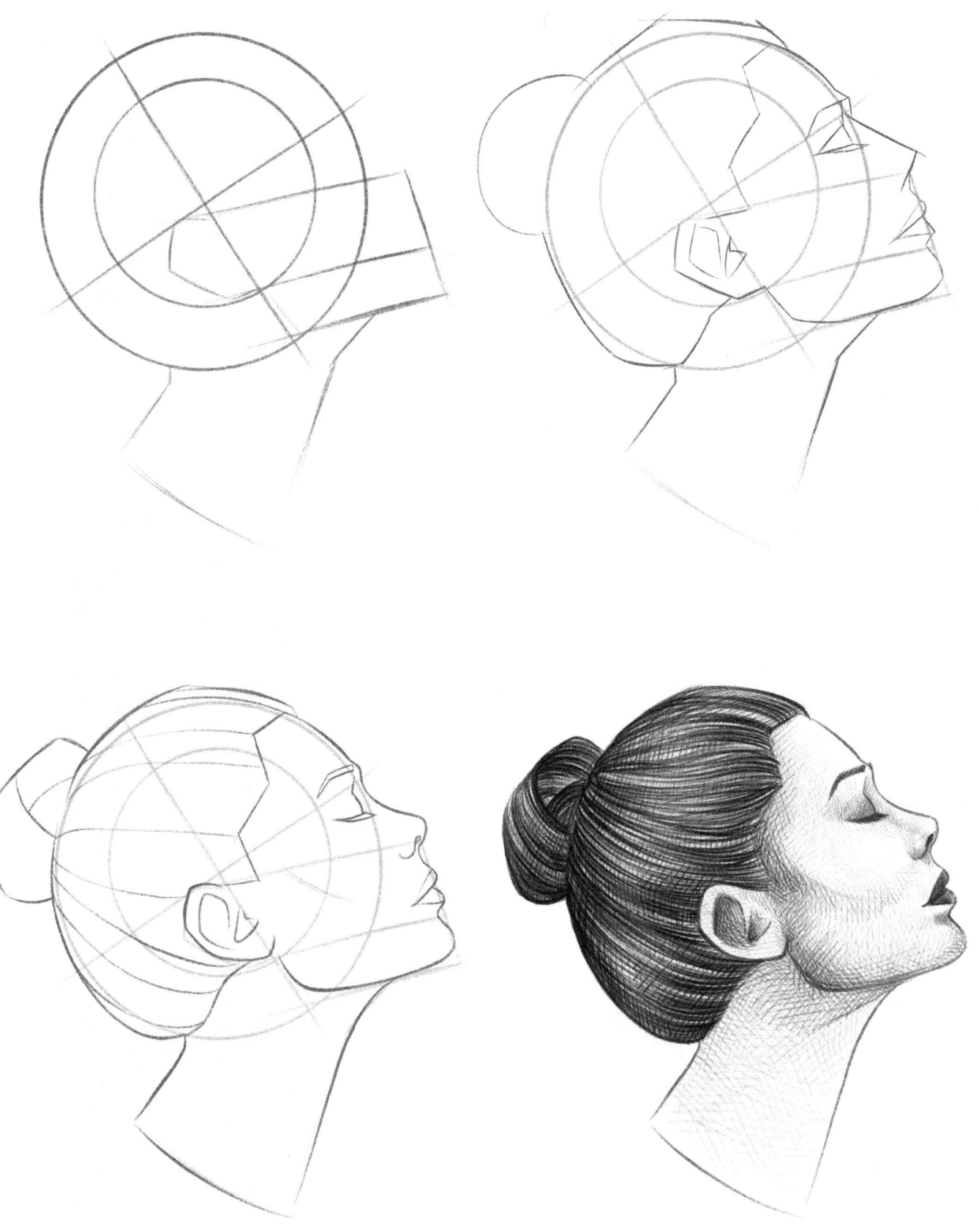

ESERCITAZIONI AGGIUNTIVE

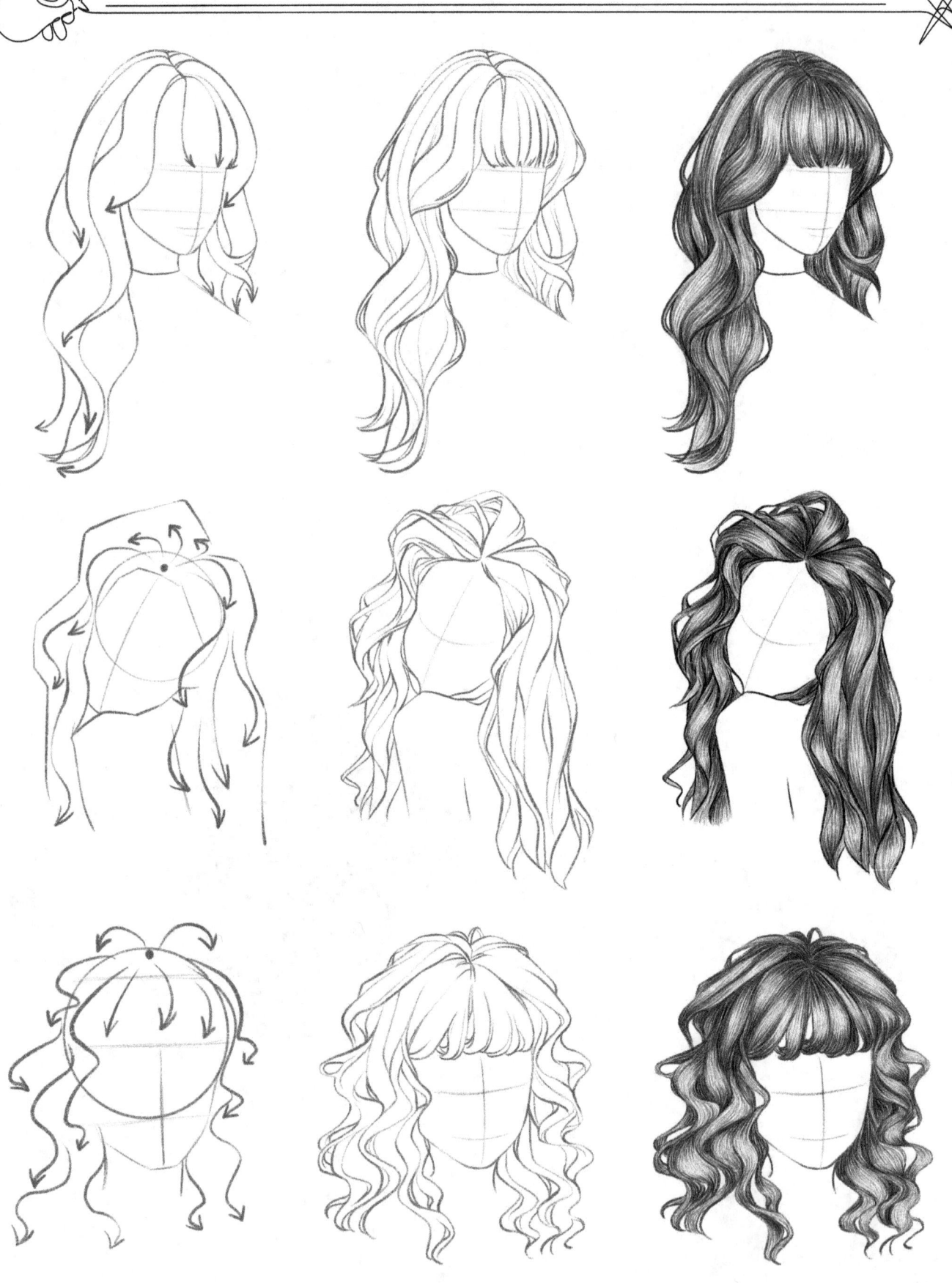

ALTRE ACCONCIATURE A CUI ISPIRARSI

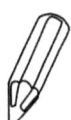

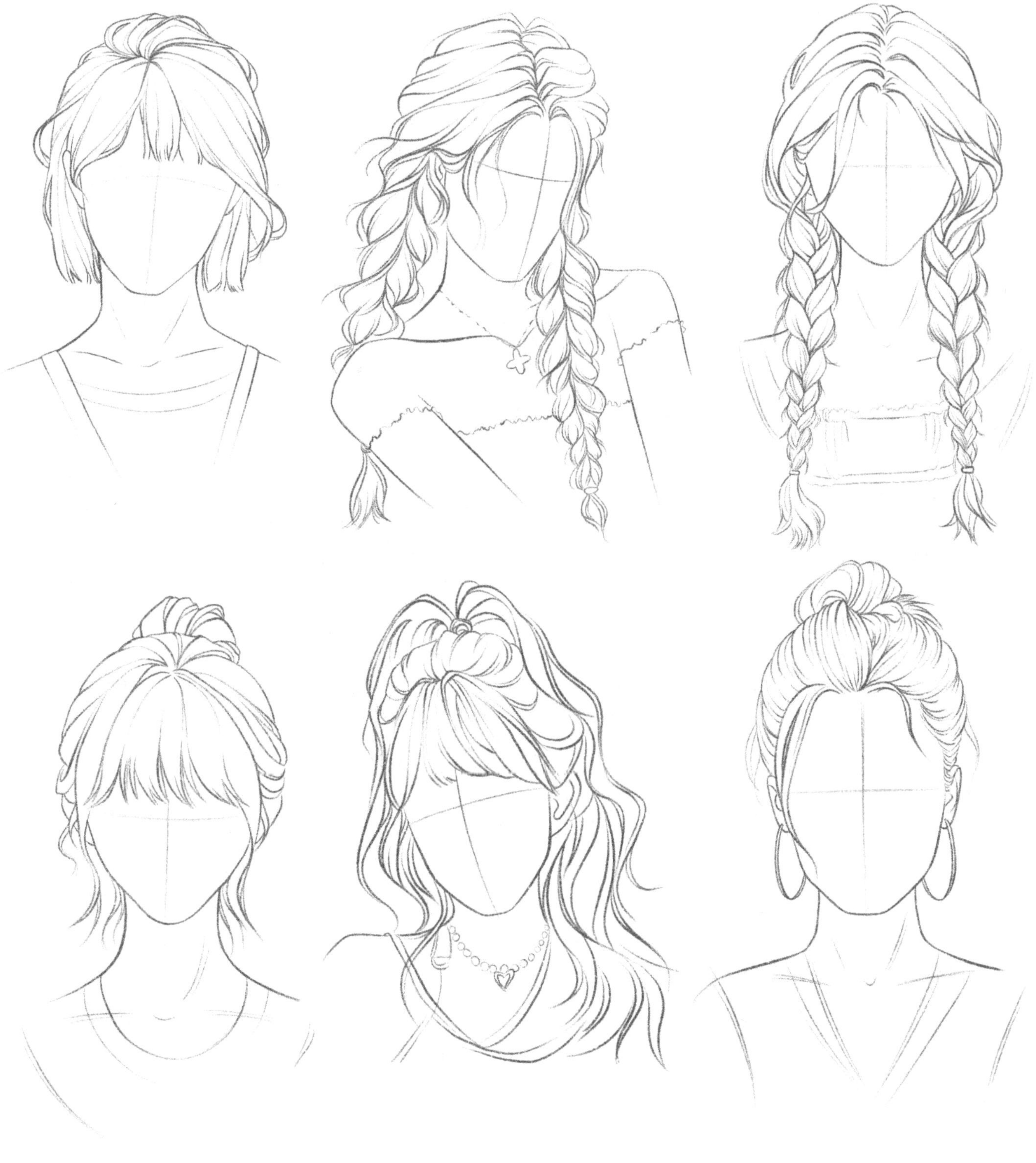

RITRATTO DI UOMO

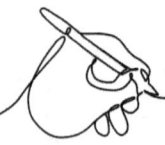 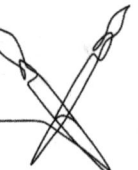

Come le donne, ogni uomo possiede caratteristiche facciali uniche. Qui approfondiremo le caratteristiche comunemente associate alla mascolinità e i fattori da considerare se si vuole ottenere un aspetto più robusto.

Un altro contrasto notevole riguarda le sopracciglia, dove gli uomini tendono ad avere forme tipicamente più spesse, dritte e piatte, con un arco minore rispetto alle sopracciglia femminili.

Gli uomini di solito hanno tratti più spigolosi e taglienti.

Anche la struttura del naso è diversa: gli uomini hanno in genere nasi più prominenti, caratterizzati da narici più grandi.

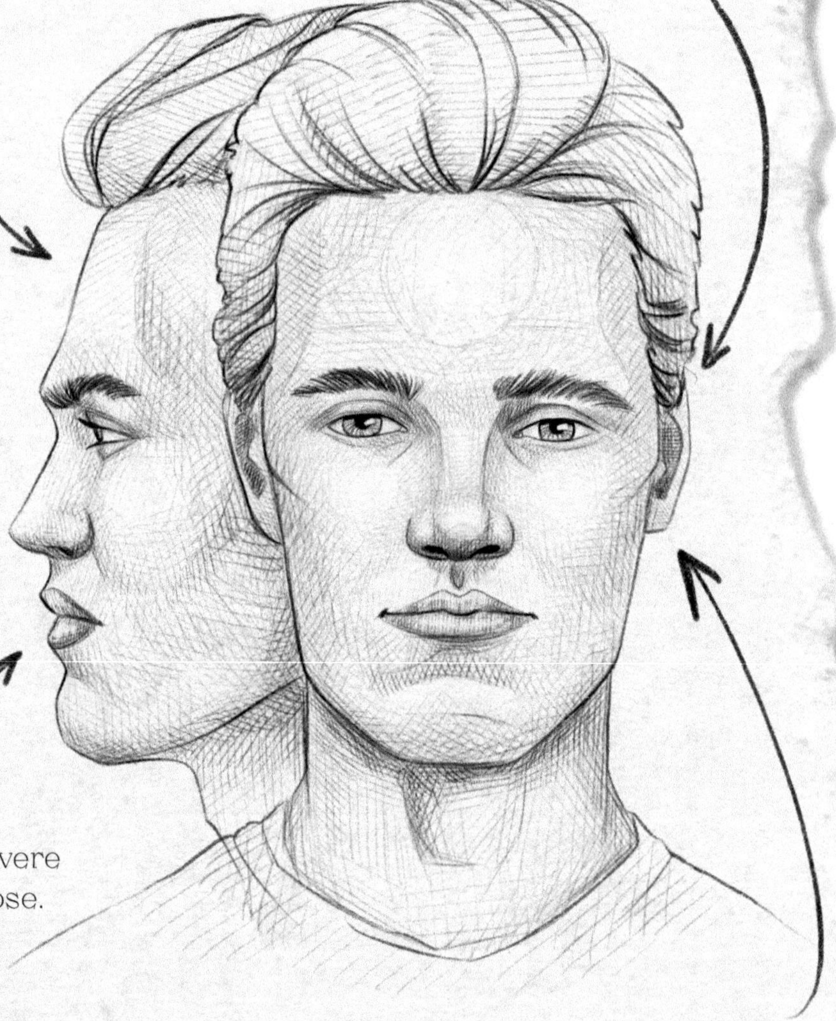

Anche gli uomini possono avere labbra più definite e spigolose.

Gli occhi degli uomini possono apparire leggermente più piccoli e spigolosi rispetto a quelli delle donne. Inoltre, hanno ciglia più corte e meno pronunciate rispetto alle donne.

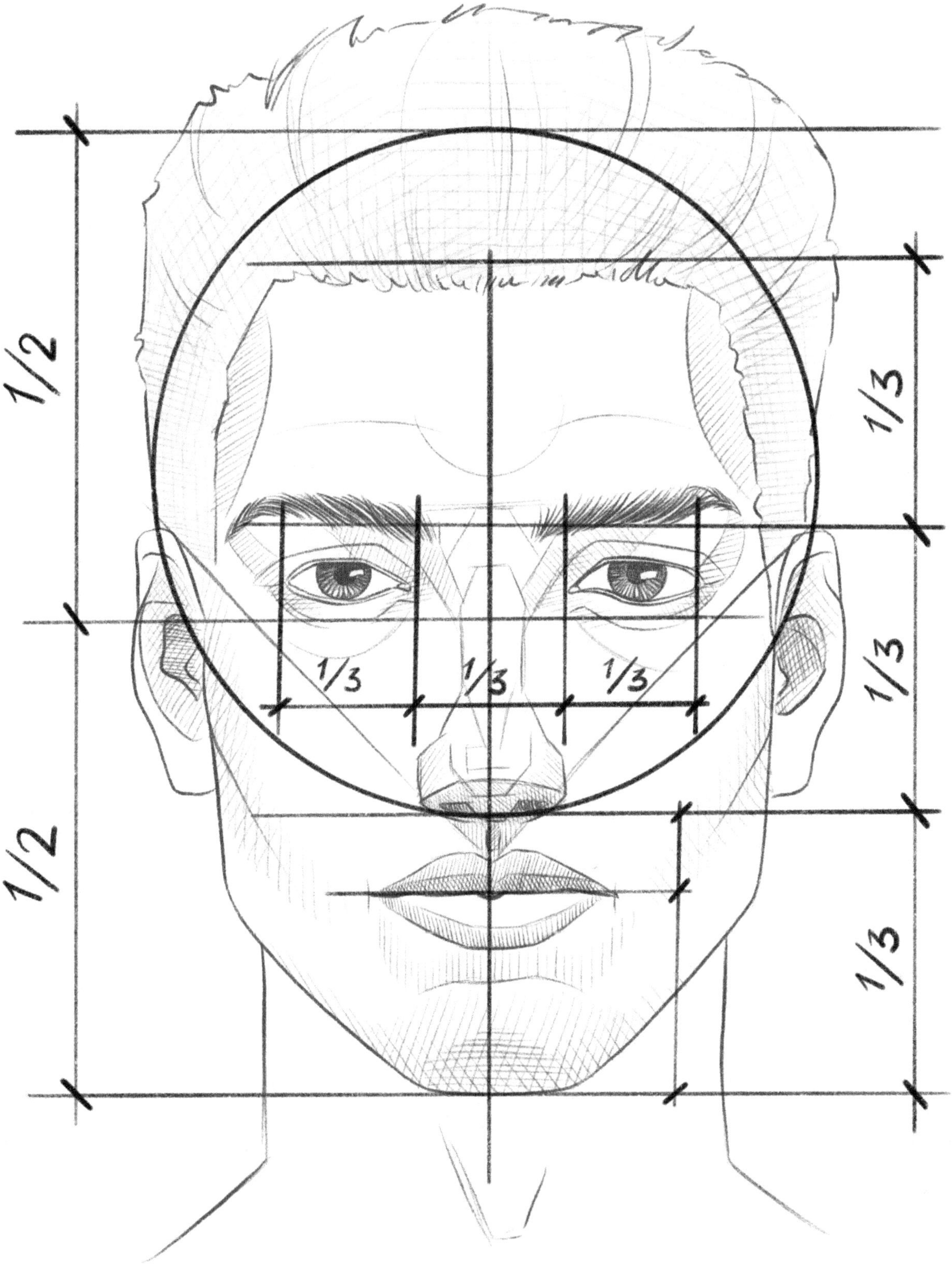

PROPORZIONI

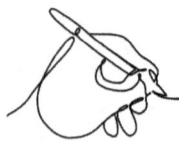 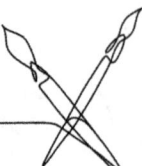

ANTERIORE

OCCHIO:

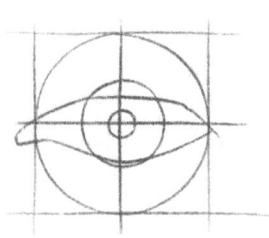 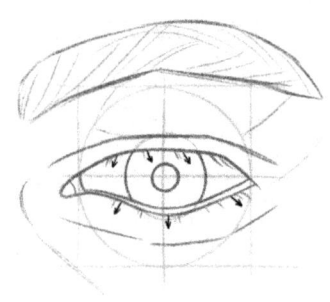 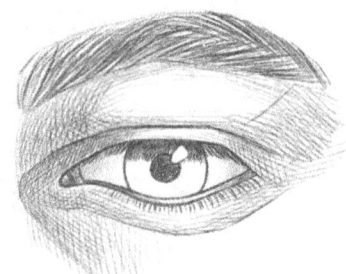 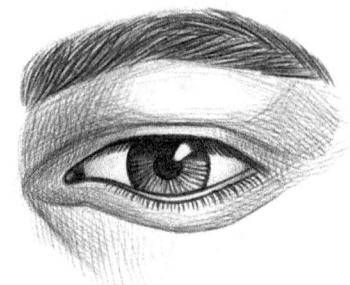

NASO:

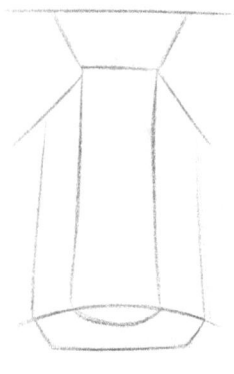 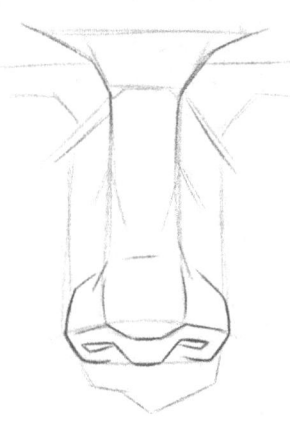 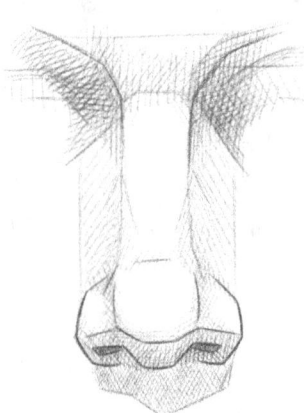 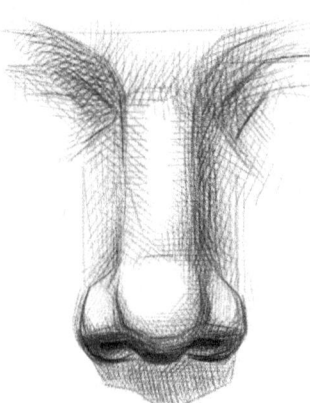

BOCCA:

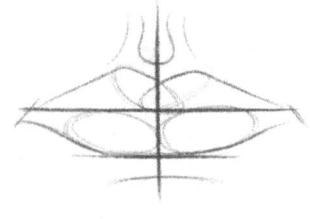 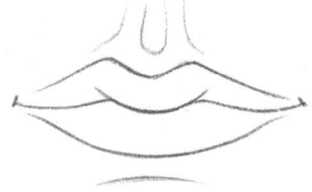 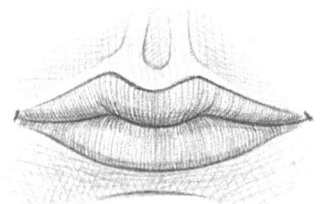 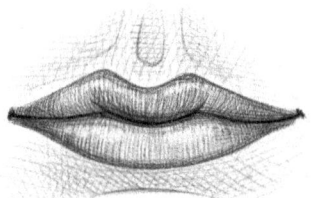

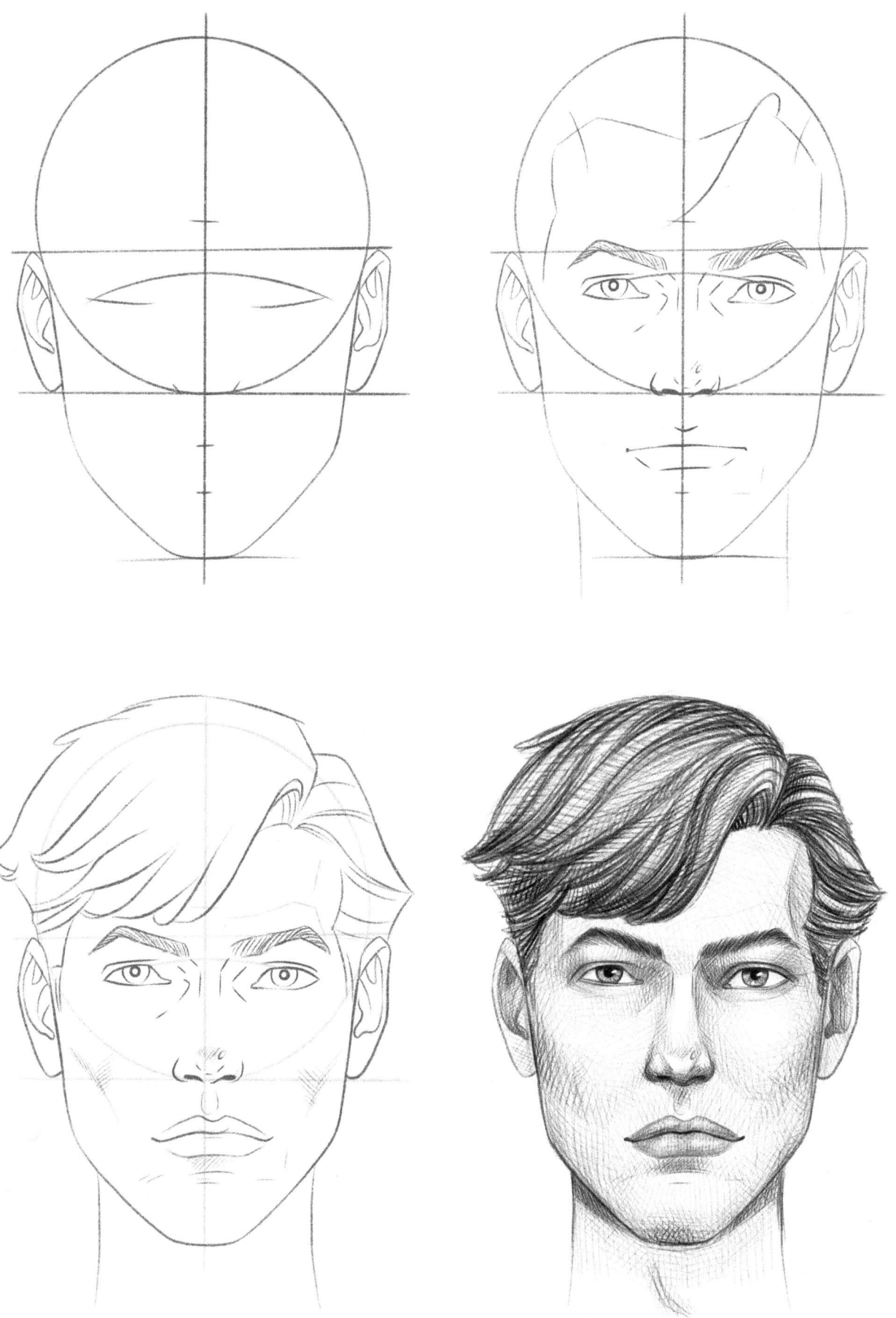

3/4

OCCHIO:

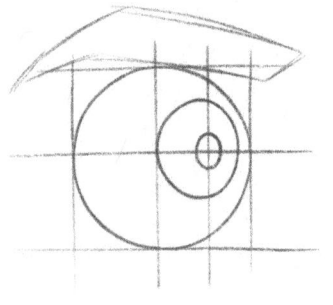 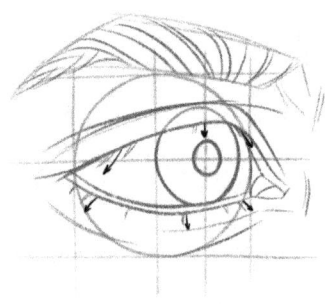 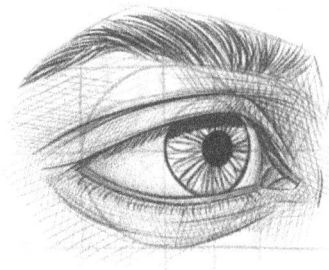 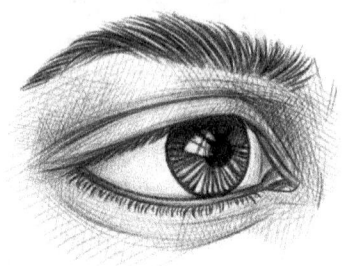

NASO:

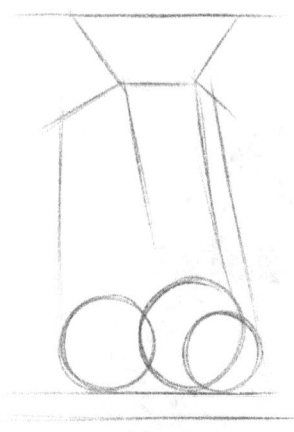 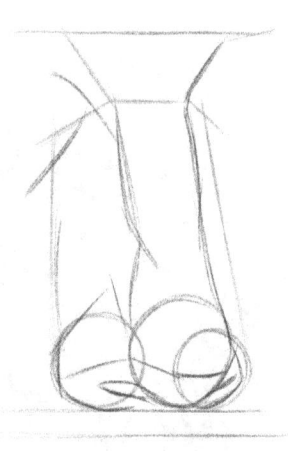 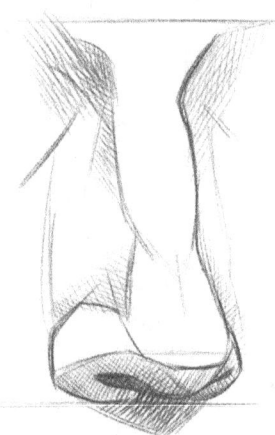 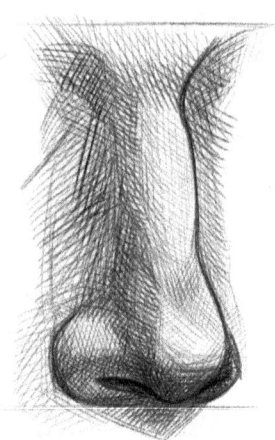

BOCCA:

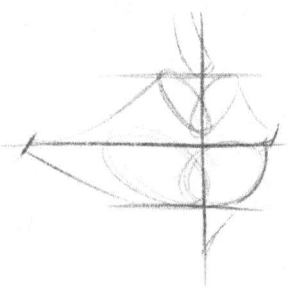 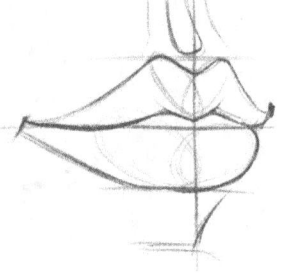 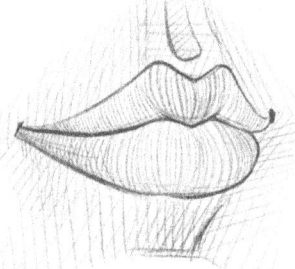 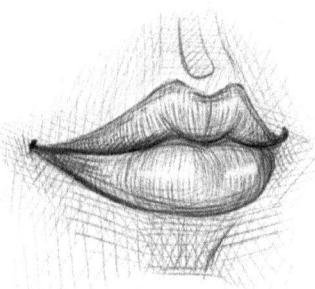

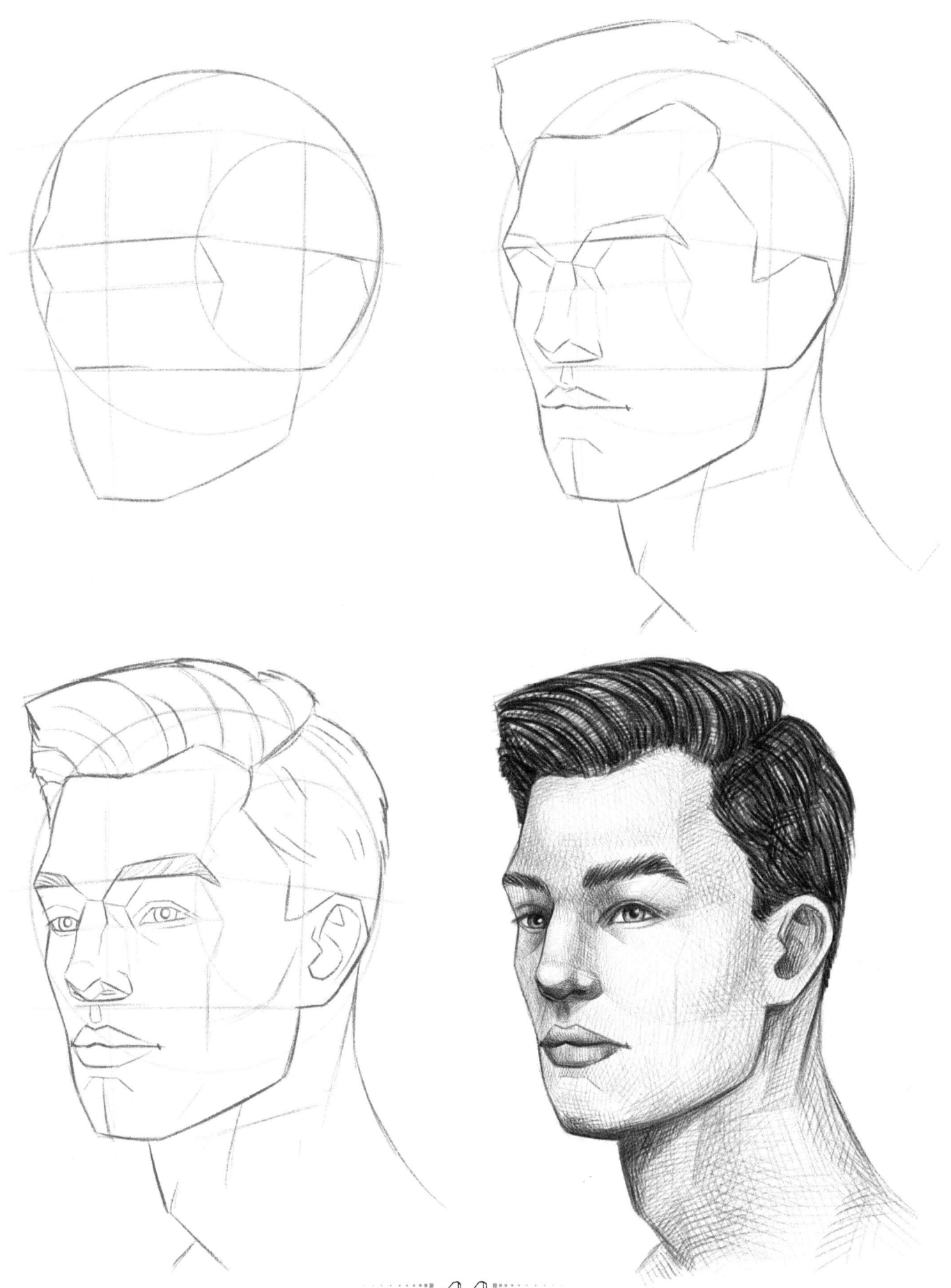

LATO

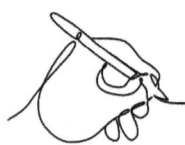
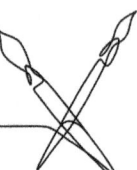

OCCHIO:

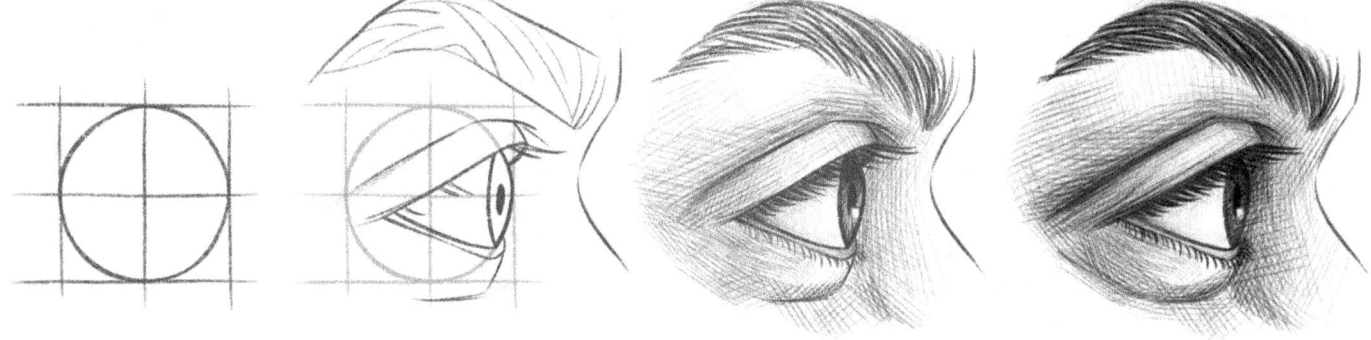

NASO:

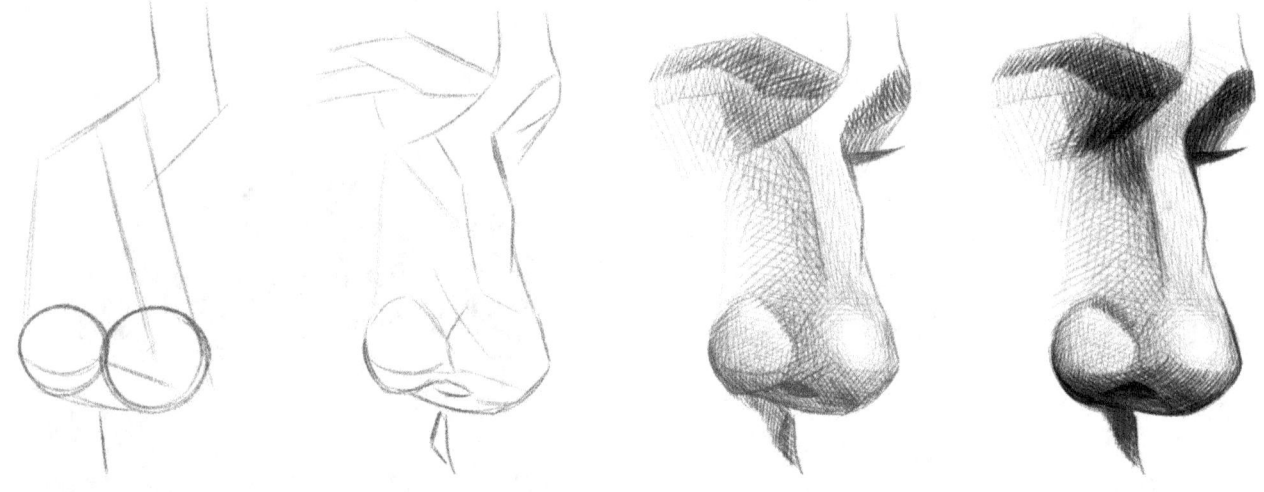

BOCCA:

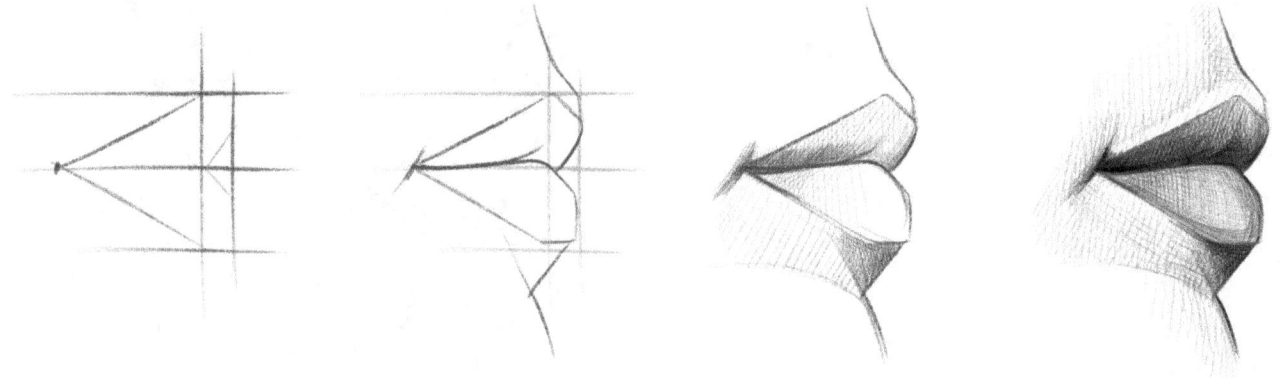

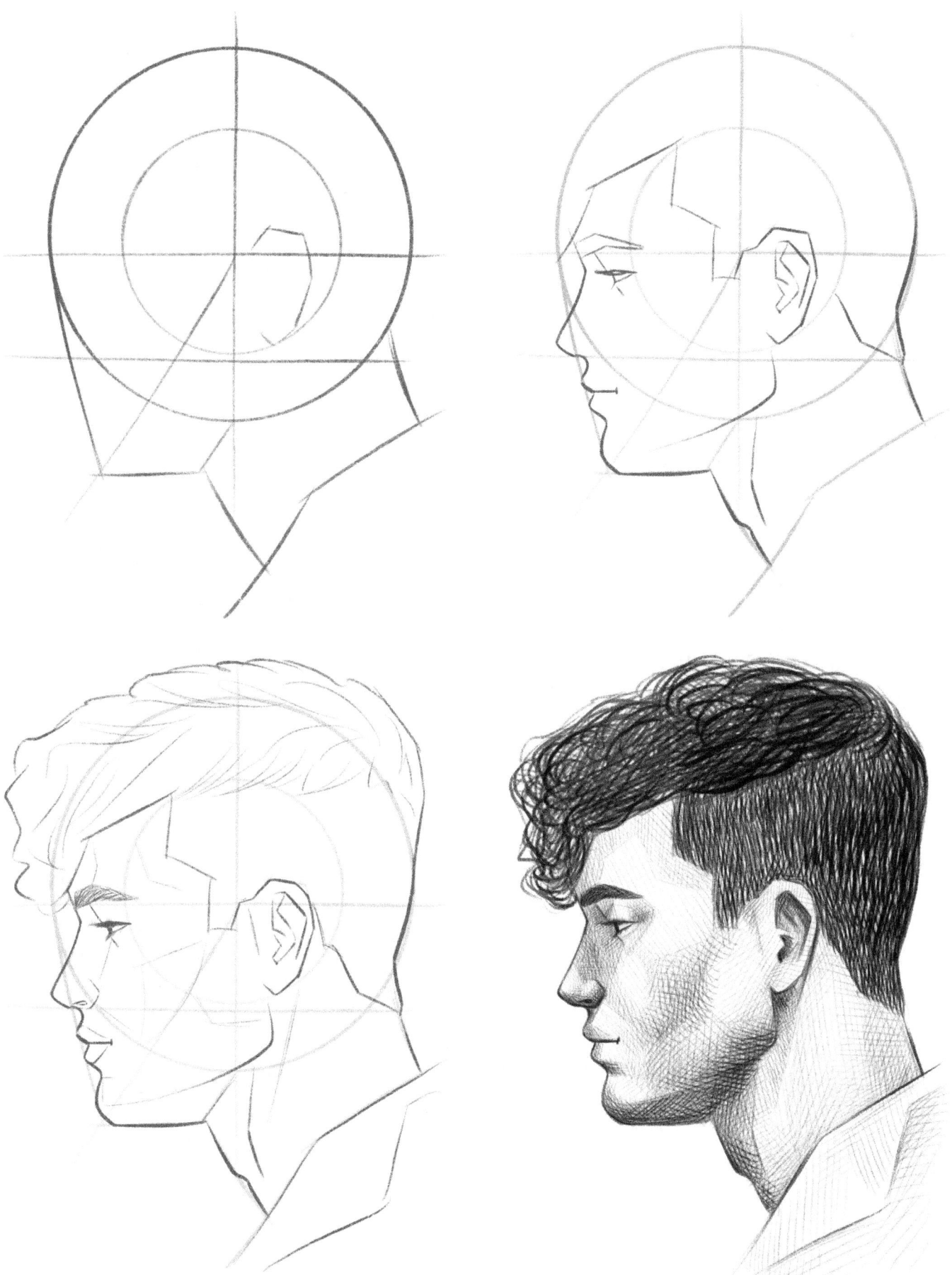

ESERCITAZIONI AGGIUNTIVE

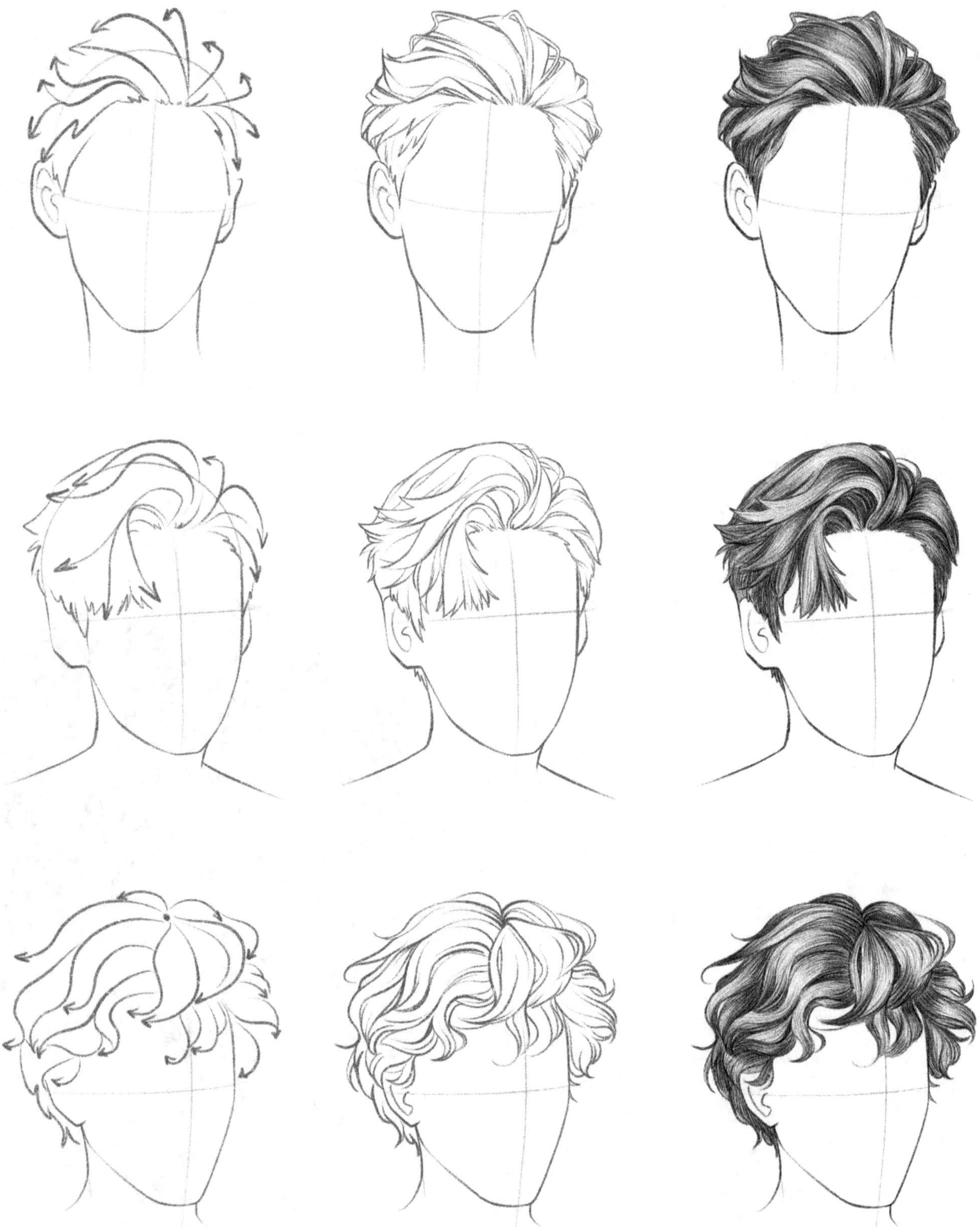

ALTRE ACCONCIATURE A CUI ISPIRARSI

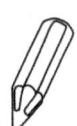

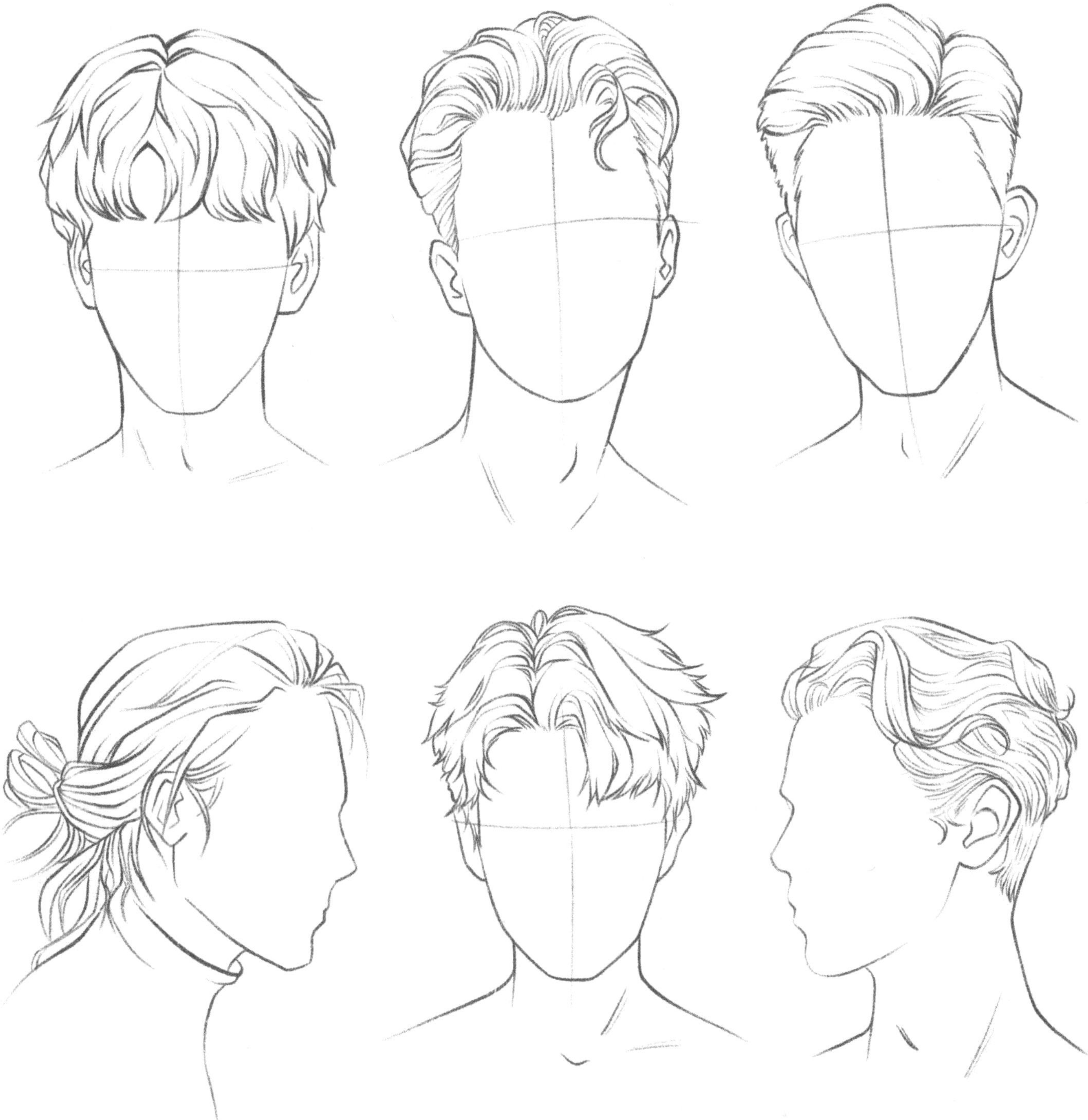

TRASMETTERE EMOZIONI

Quando si disegnano ritratti, per trasmettere le emozioni in modo efficace è necessario capire come i vari tratti del viso e le espressioni contribuiscano a creare sentimenti diversi.

CONSIGLIO:

Nel disegnare i ritratti, prestate attenzione alle sottili sfumature delle espressioni facciali e del linguaggio del corpo per catturare con precisione l'emozione desiderata. Sperimentate diverse tecniche, come la variazione dei pesi delle linee, delle ombreggiature e delle palette di colori, per evocare sentimenti specifici e creare ritratti di grande risonanza emotiva.

Ecco alcune caratteristiche chiave delle emozioni più comuni e le tecniche per rappresentarle:

FELICITà/GIOIA: Un sorriso con guance sollevate e pieghe intorno agli occhi (zampe di gallina) indica una felicità genuina. Gli occhi possono socchiudersi leggermente e le sopracciglia sollevarsi. Utilizzare colori caldi e brillanti e linee morbide e arrotondate per trasmettere un senso di calore e positività.

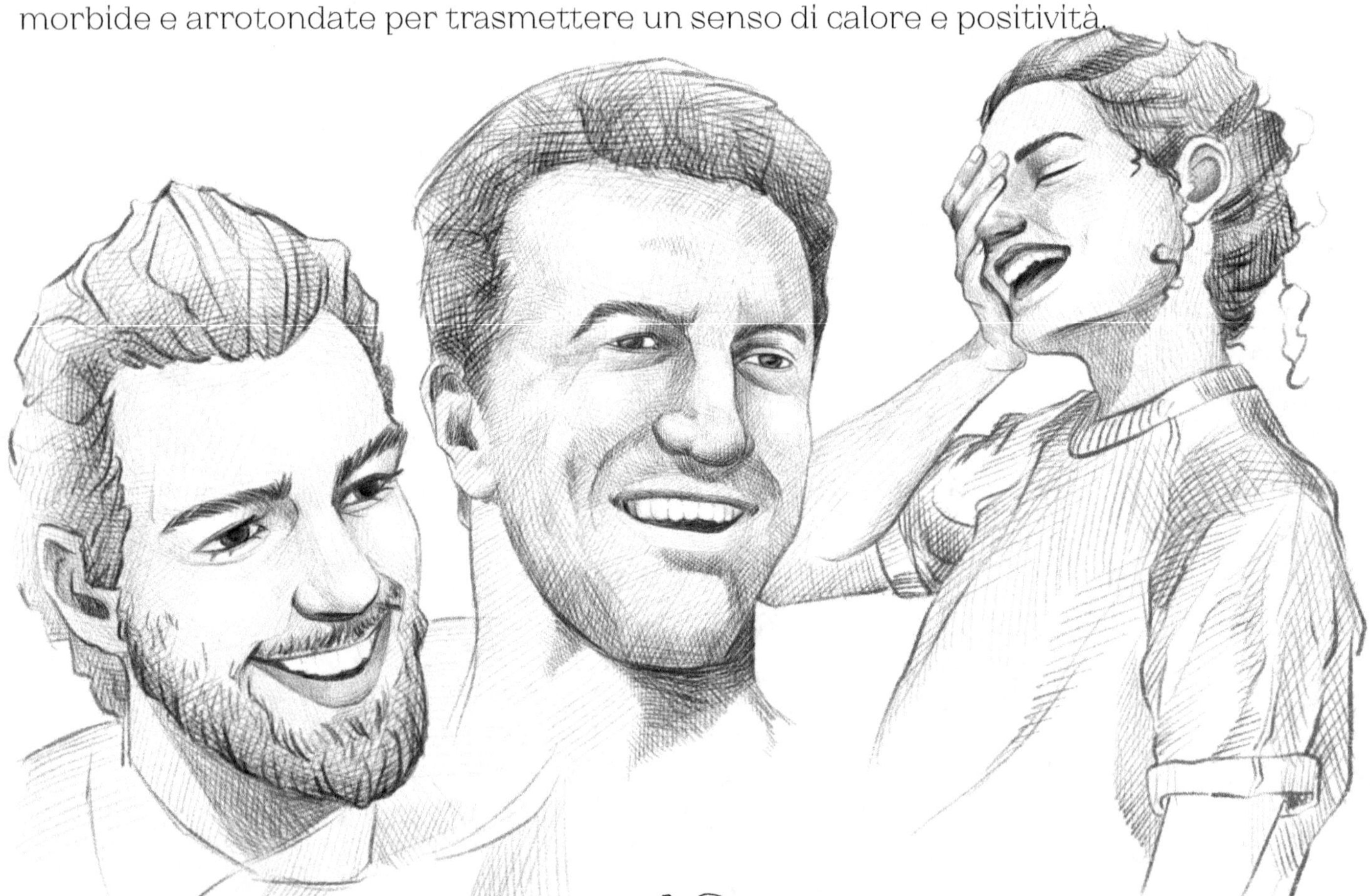

TRISTEZZA: Gli angoli della bocca che si abbassano, le sopracciglia aggrottate e le palpebre cadenti trasmettono tristezza. Colori scuri e tenui e angoli di composizione verso il basso possono aumentare il senso di malinconia.

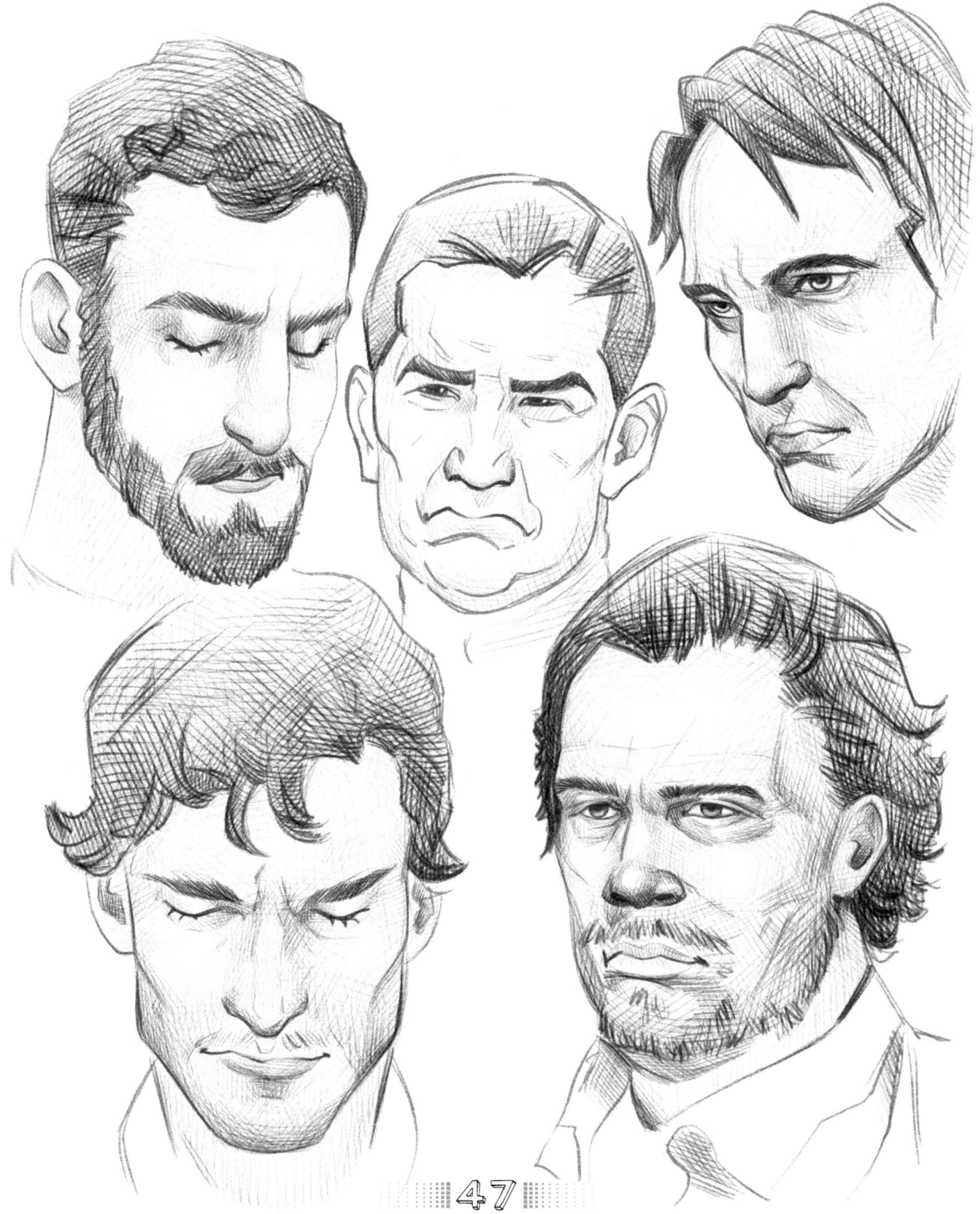

RABBIA: Sopracciglia aggrottate, occhi stretti e mascella serrata segnalano rabbia. Linee taglienti e spigolose e colori decisi e intensi riflettono l'intensità di questa emozione. Esagerare questi tratti può amplificare il senso di aggressività.

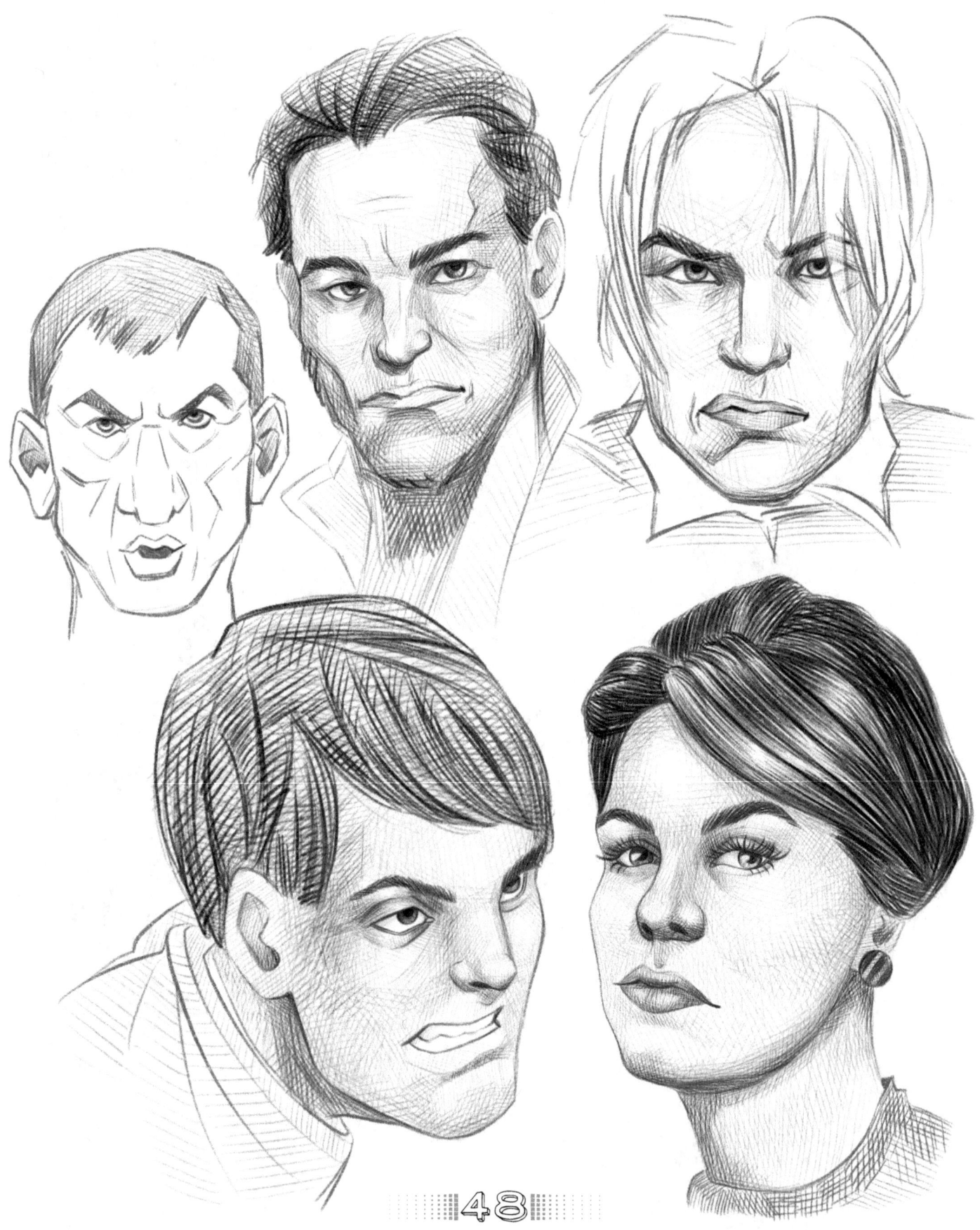

SORPRESA: Occhi spalancati, sopracciglia alzate e bocca aperta indicano sorpresa. Utilizzate colori contrastanti e linee dinamiche e diagonali per creare un senso di sorpresa e stupore.

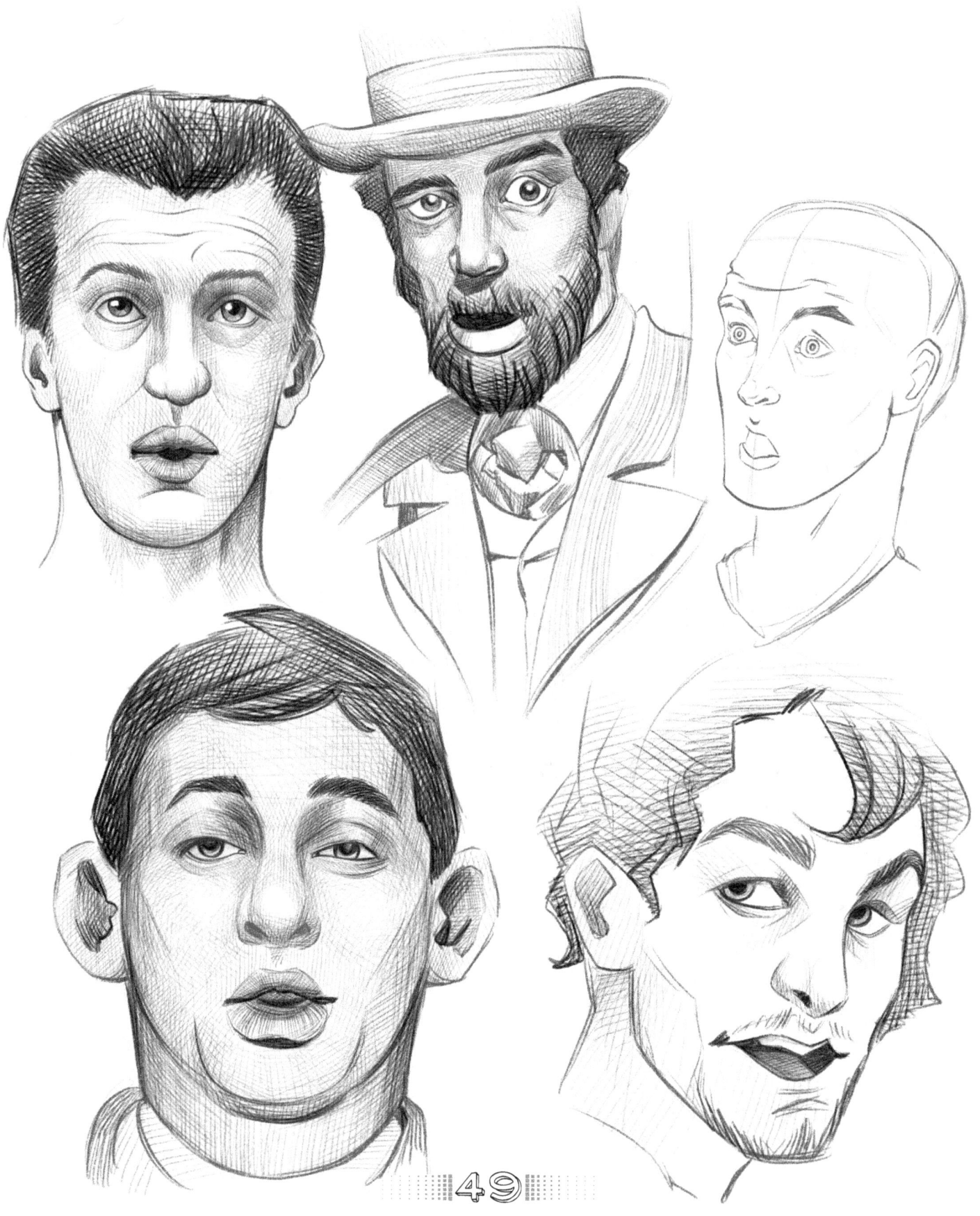

PAURA: Occhi allargati con bianchi visibili, sopracciglia alzate e bocca leggermente aperta trasmettono paura. Colori freddi e tenui e linee irregolari e tremolanti possono aumentare la sensazione di disagio e vulnerabilità.

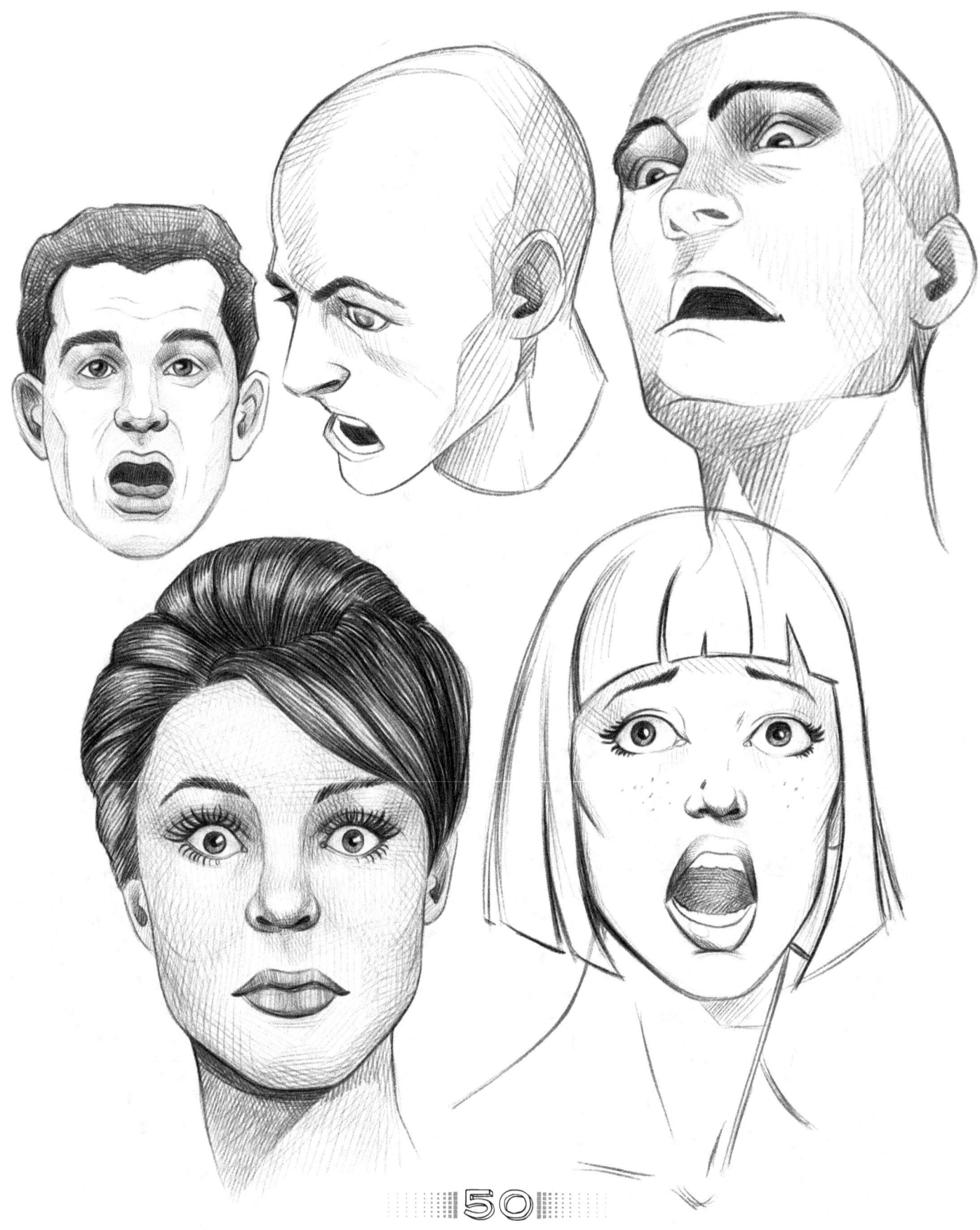

FIDUCIA: Una postura rilassata, il mento sollevato e lo sguardo fisso indicano sicurezza. Utilizzate linee decise e forti e colori vivaci per trasmettere un senso di sicurezza e di forza.

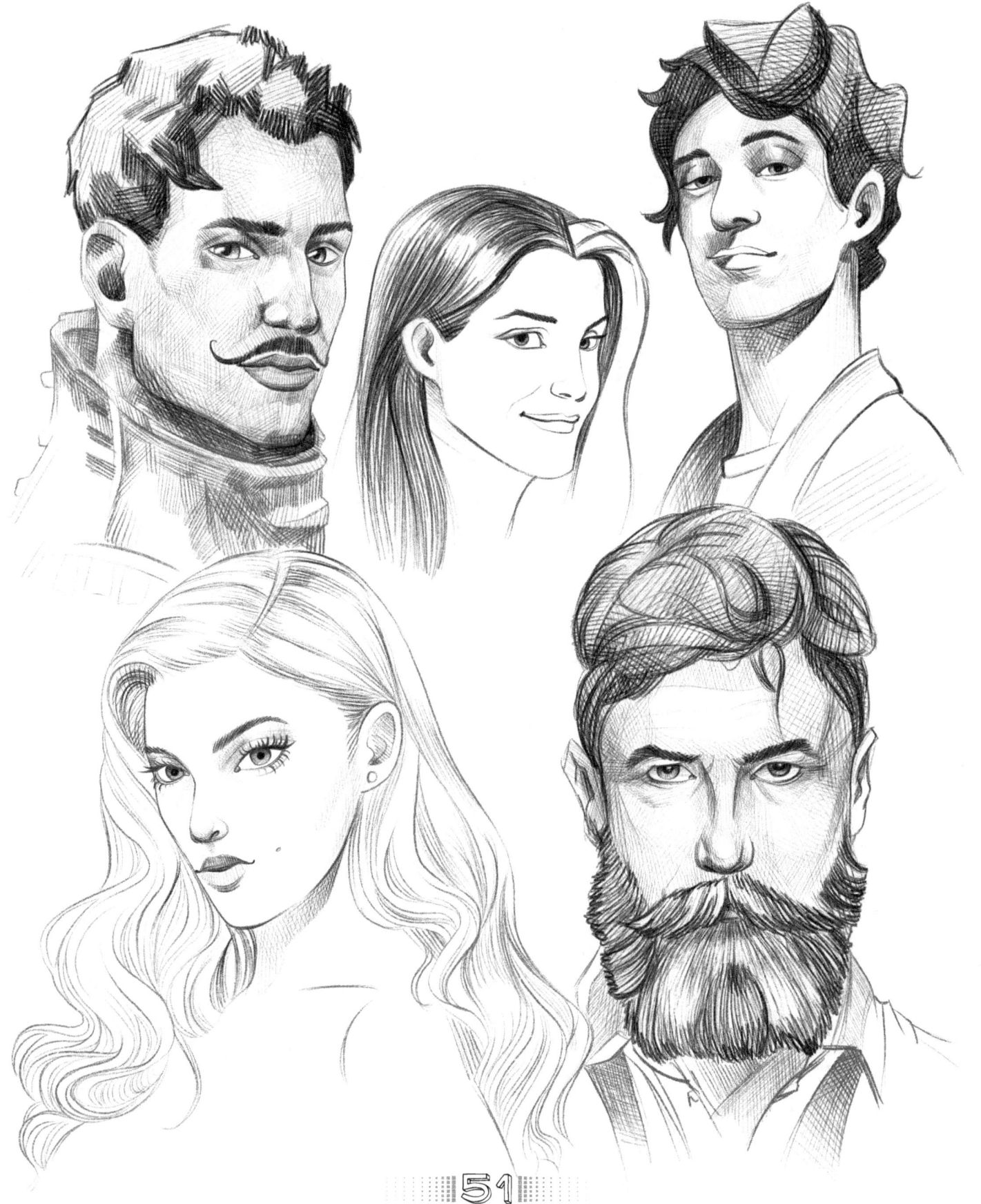

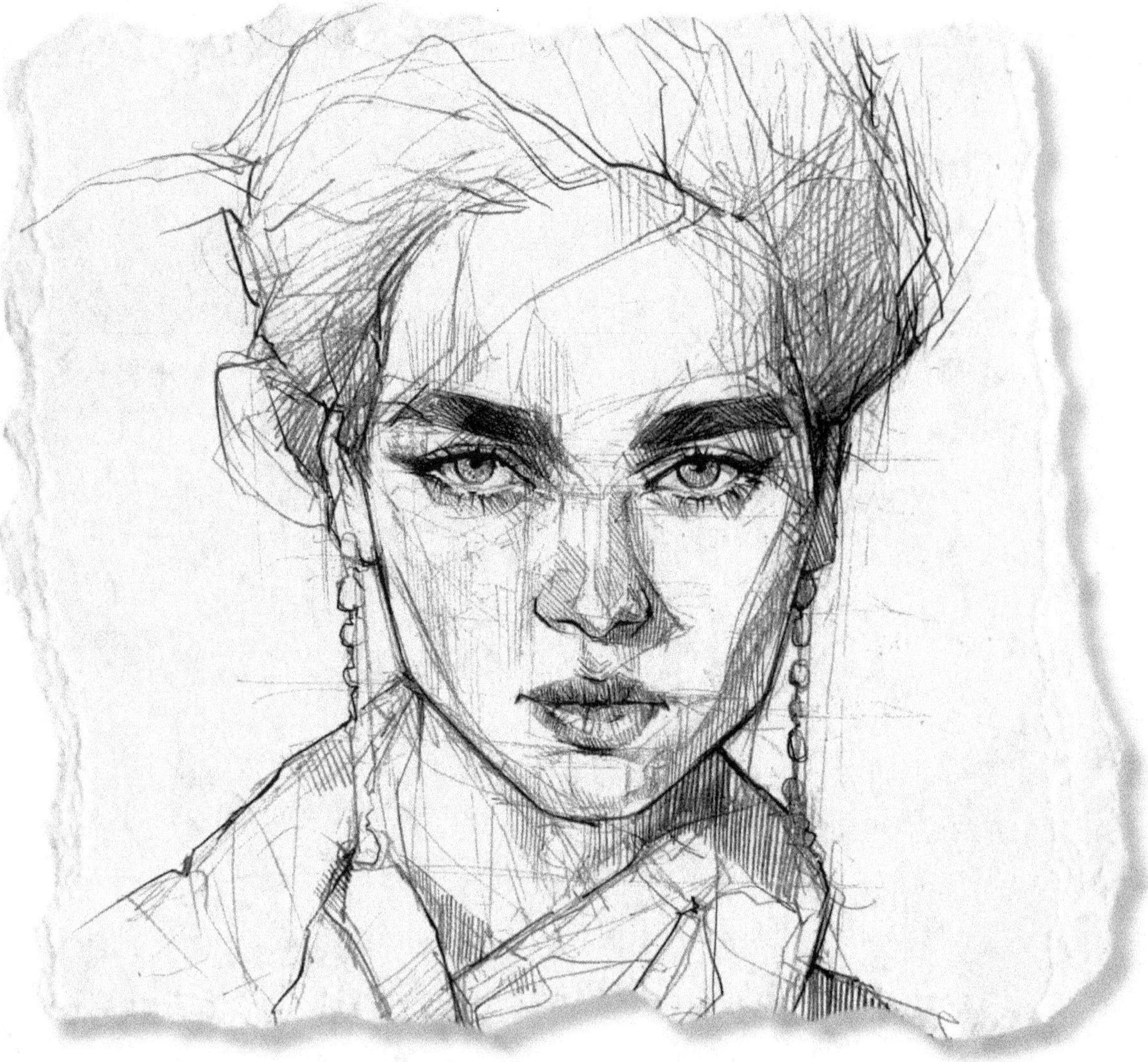

PRATICA

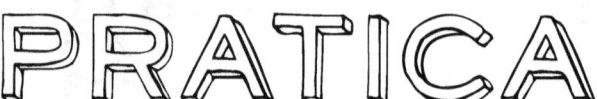

Siamo entusiasti di vedervi addentrare con entusiasmo nel mondo del disegno! Partendo dalle basi delle forme semplici, avete imparato a dare dimensione, a creare composizioni e a ritrarre soggetti diversi. Siamo fiduciosi che continuerete a esplorare i nostri tutorial e che vi aspettino sessioni di pratica ancora più entusiasmanti! Forse, alla fine di questo viaggio, riuscirete a disegnare senza fatica le persone che vi circondano o i personaggi che vi piacciono.

Andiamo avanti su questa strada creativa e portiamo le nostre capacità di disegno a nuovi livelli!

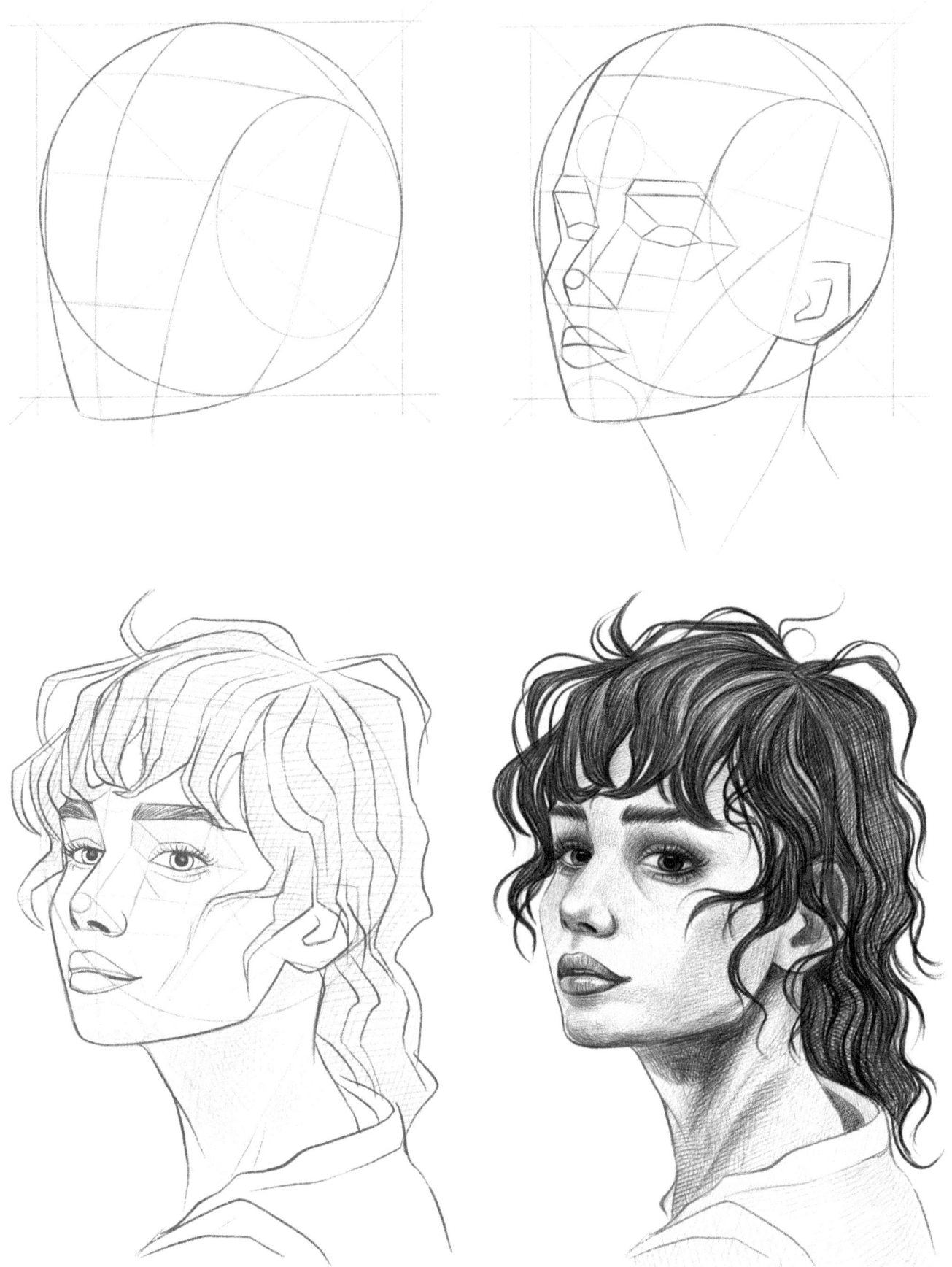

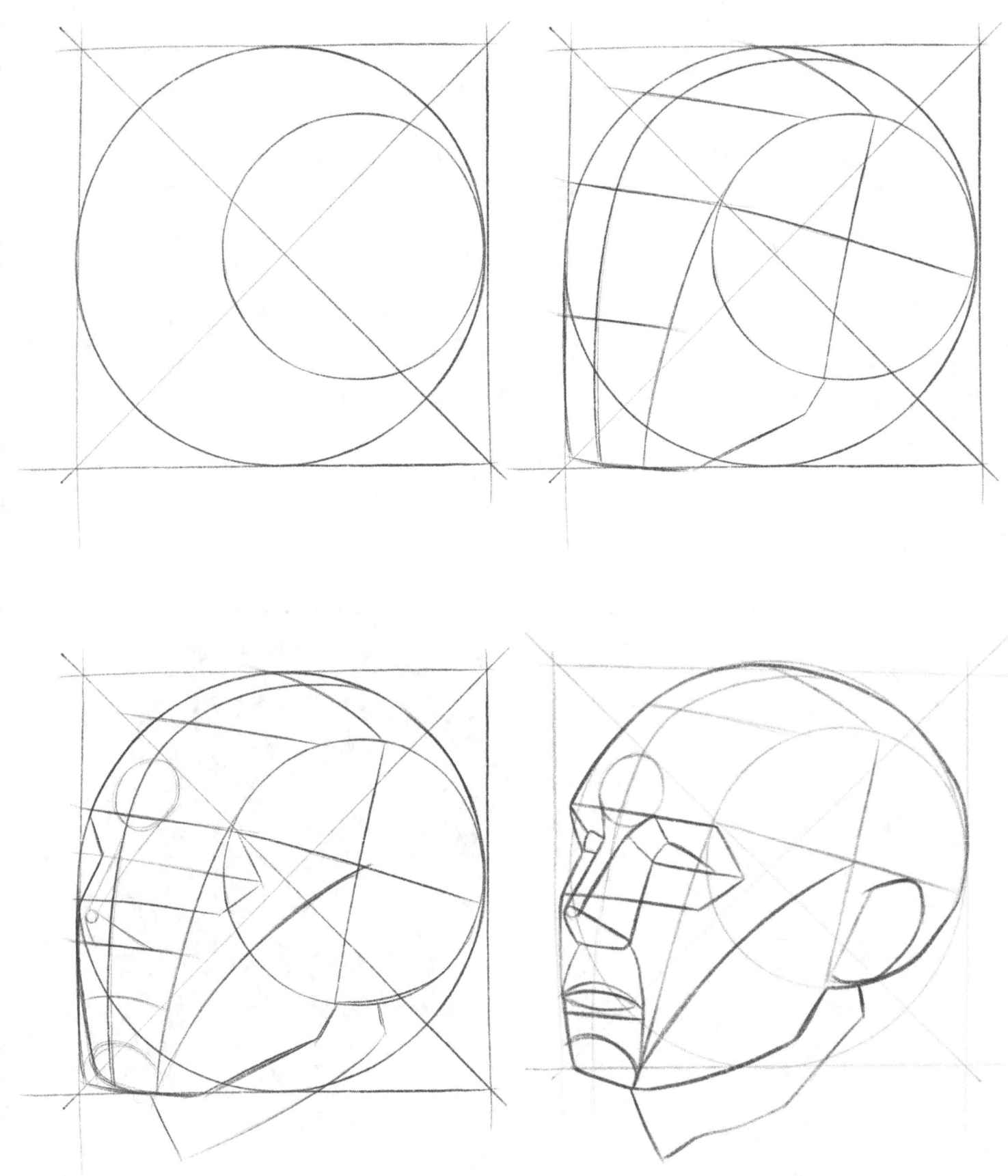

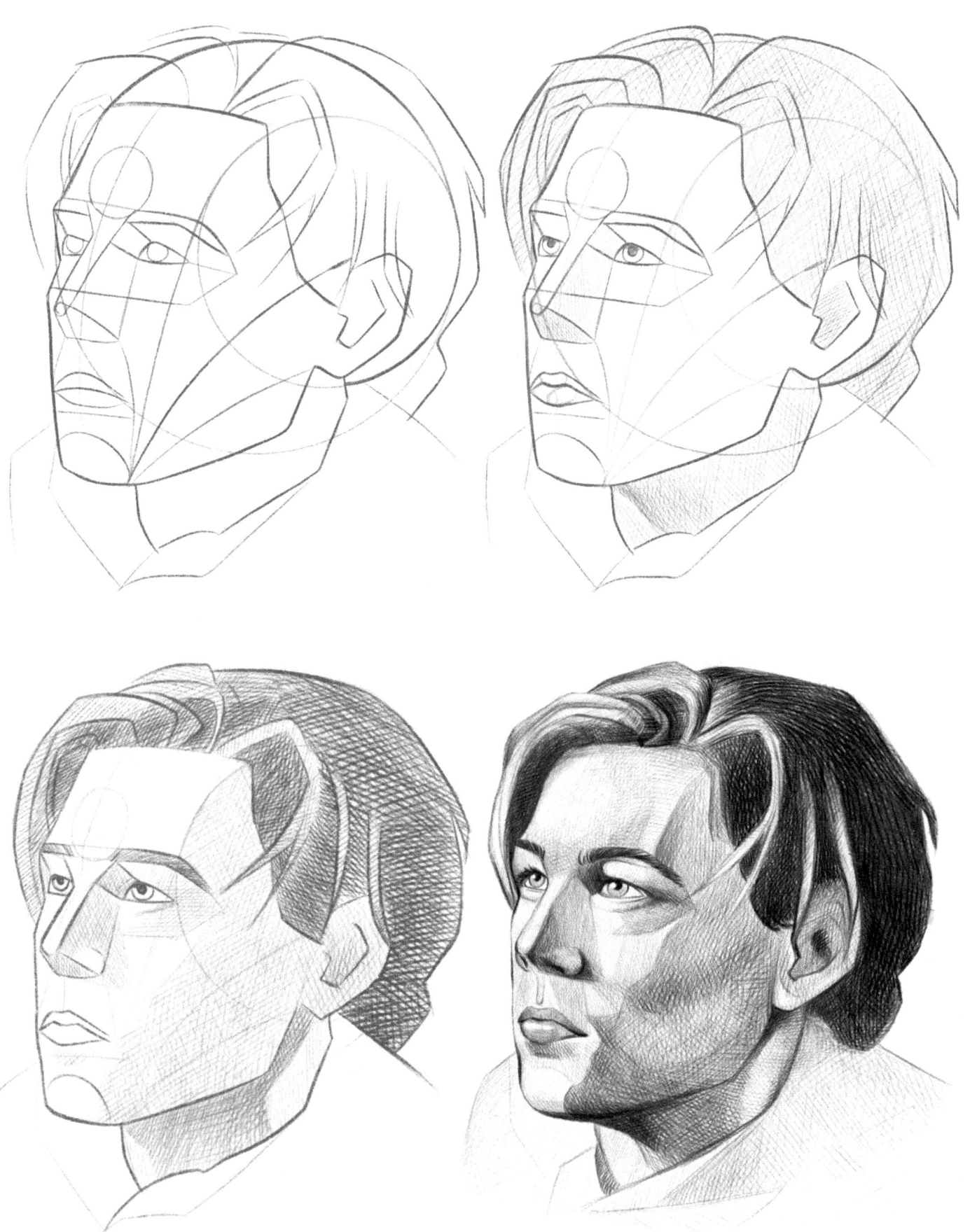

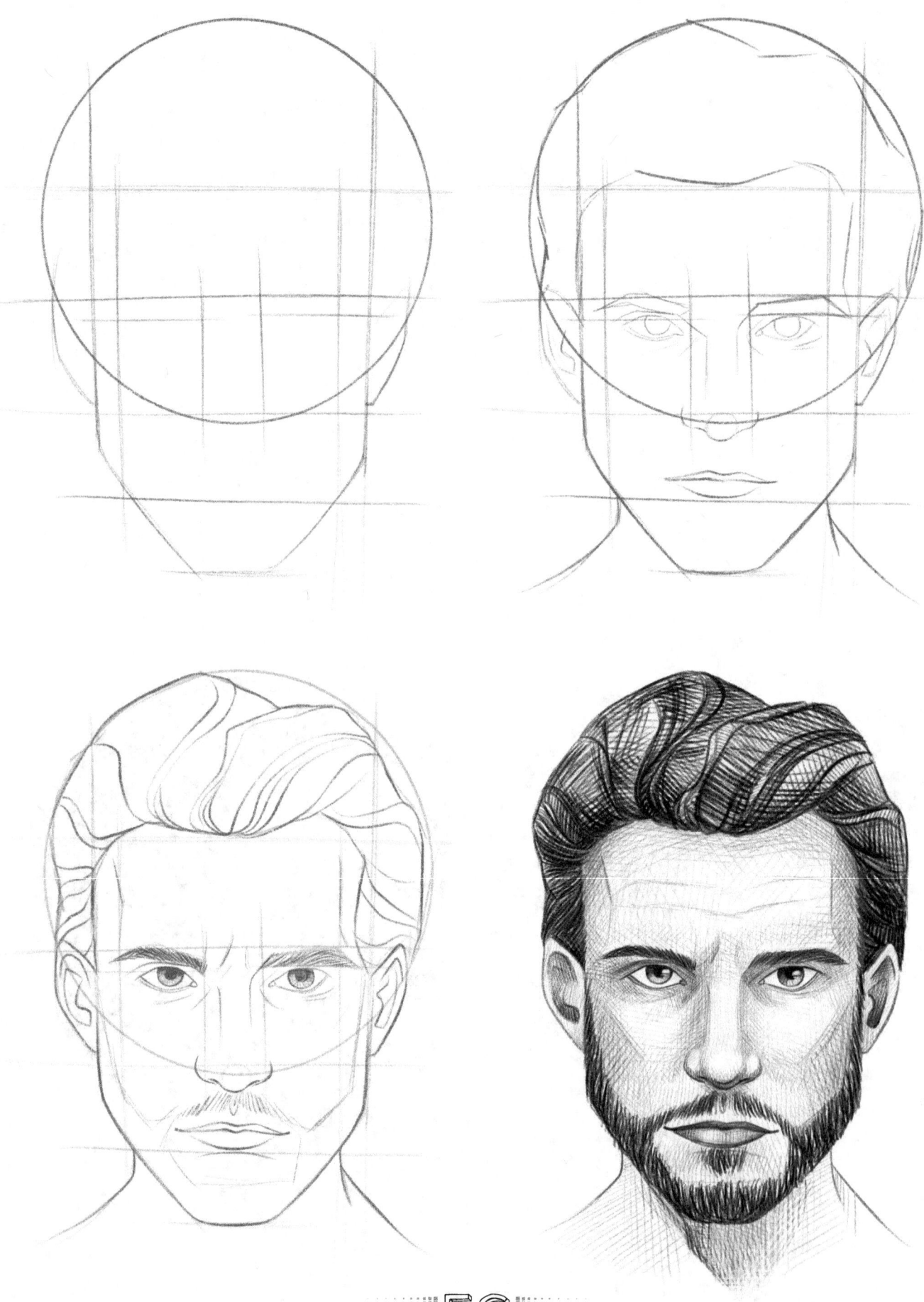

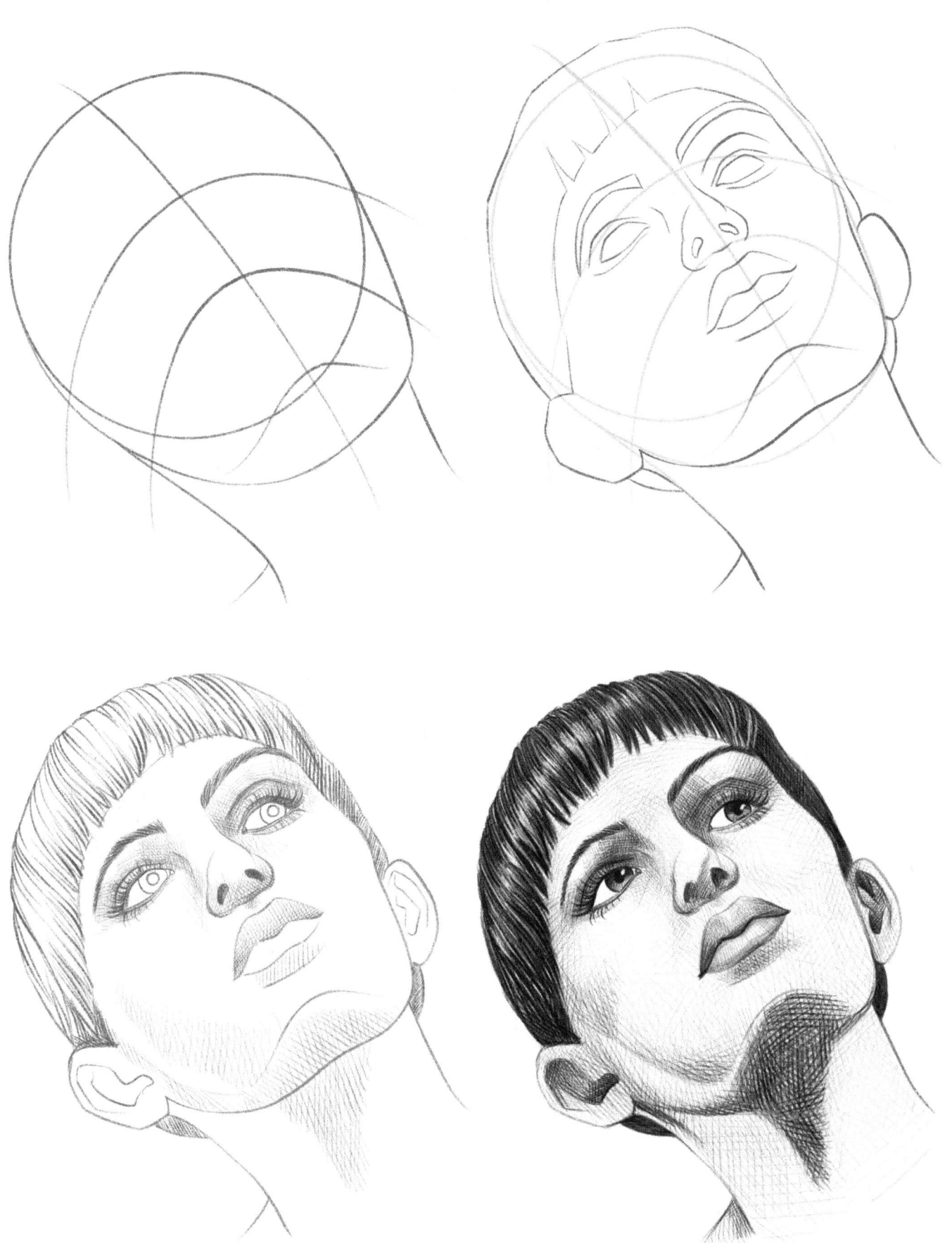

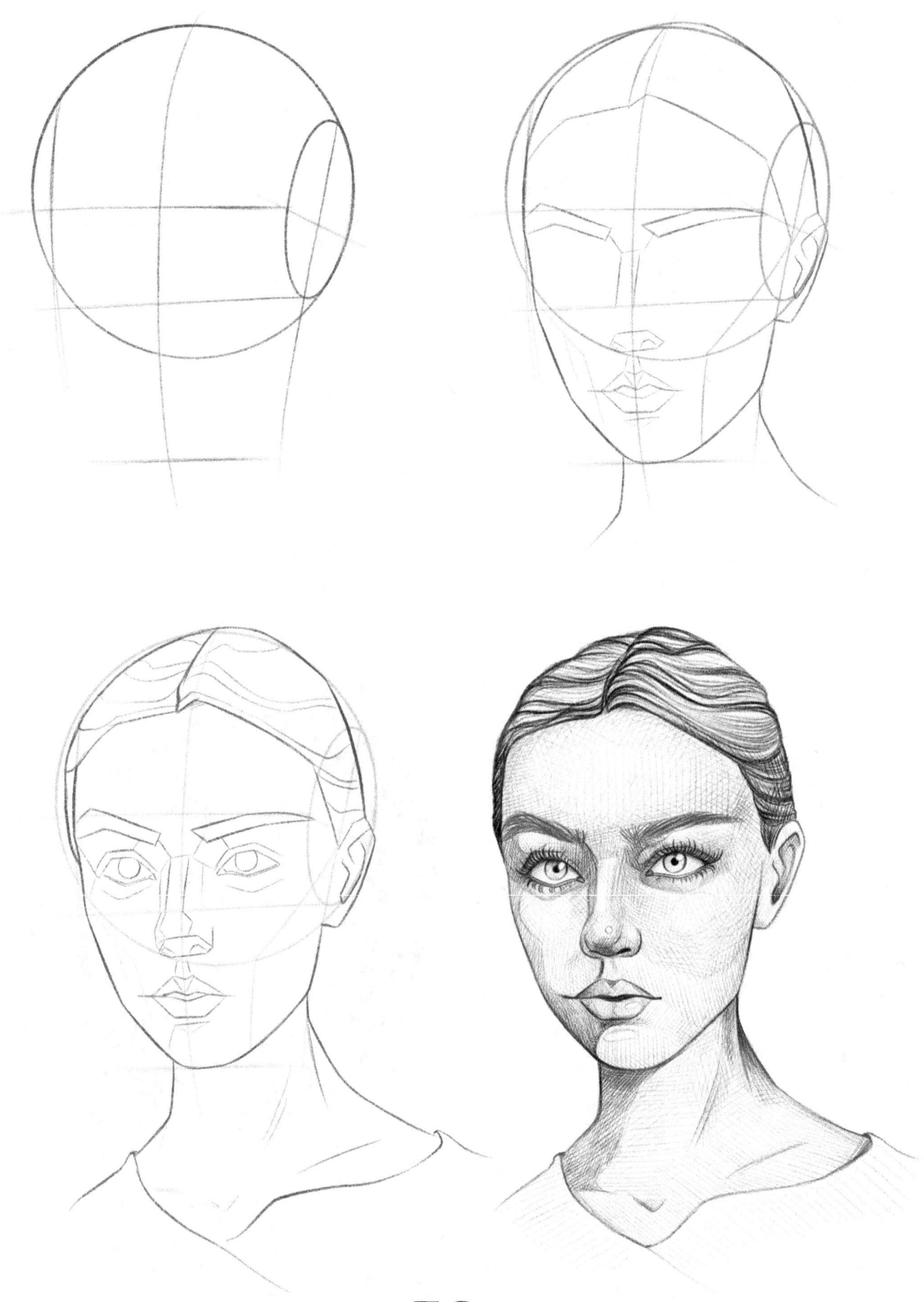

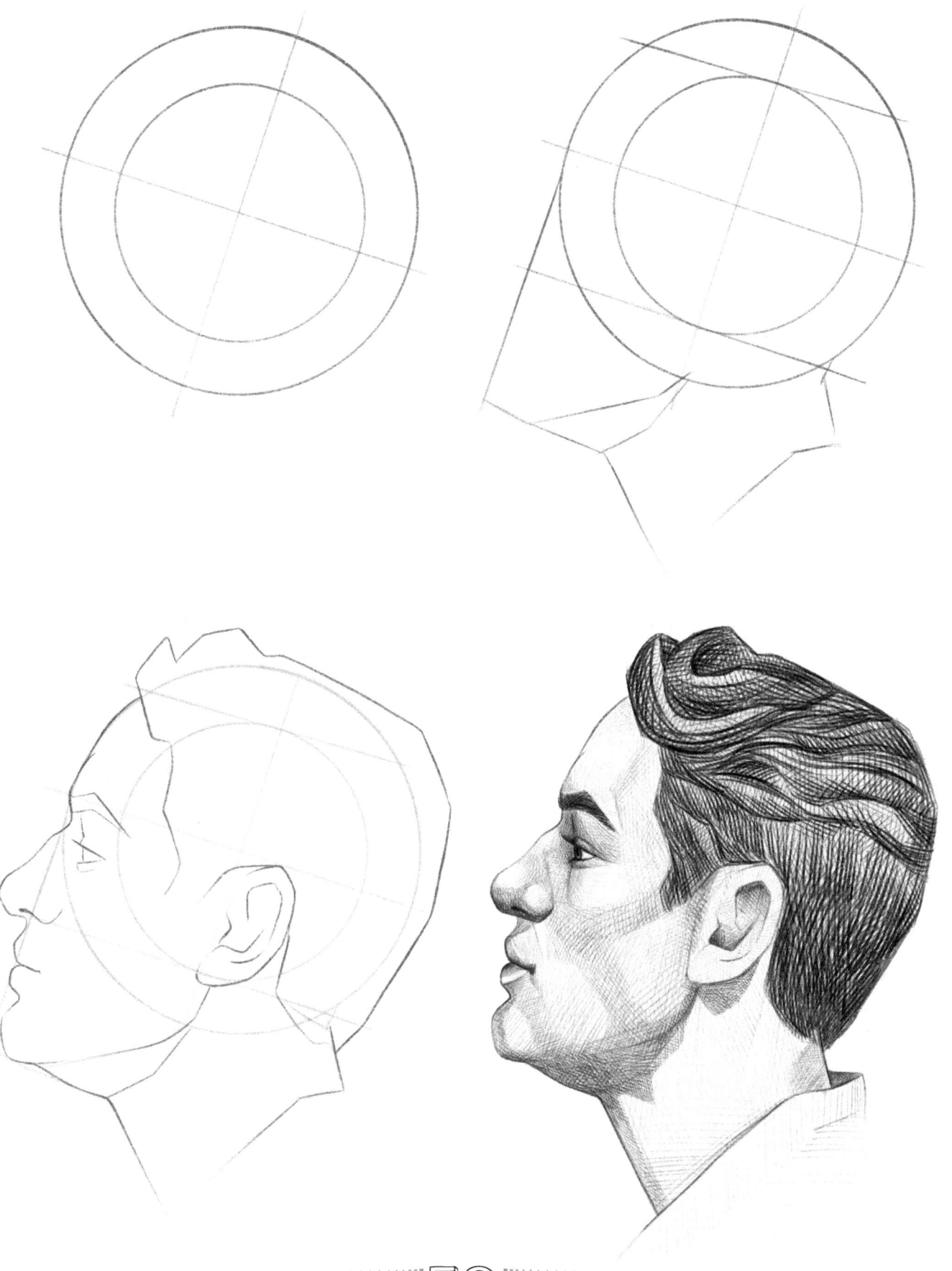

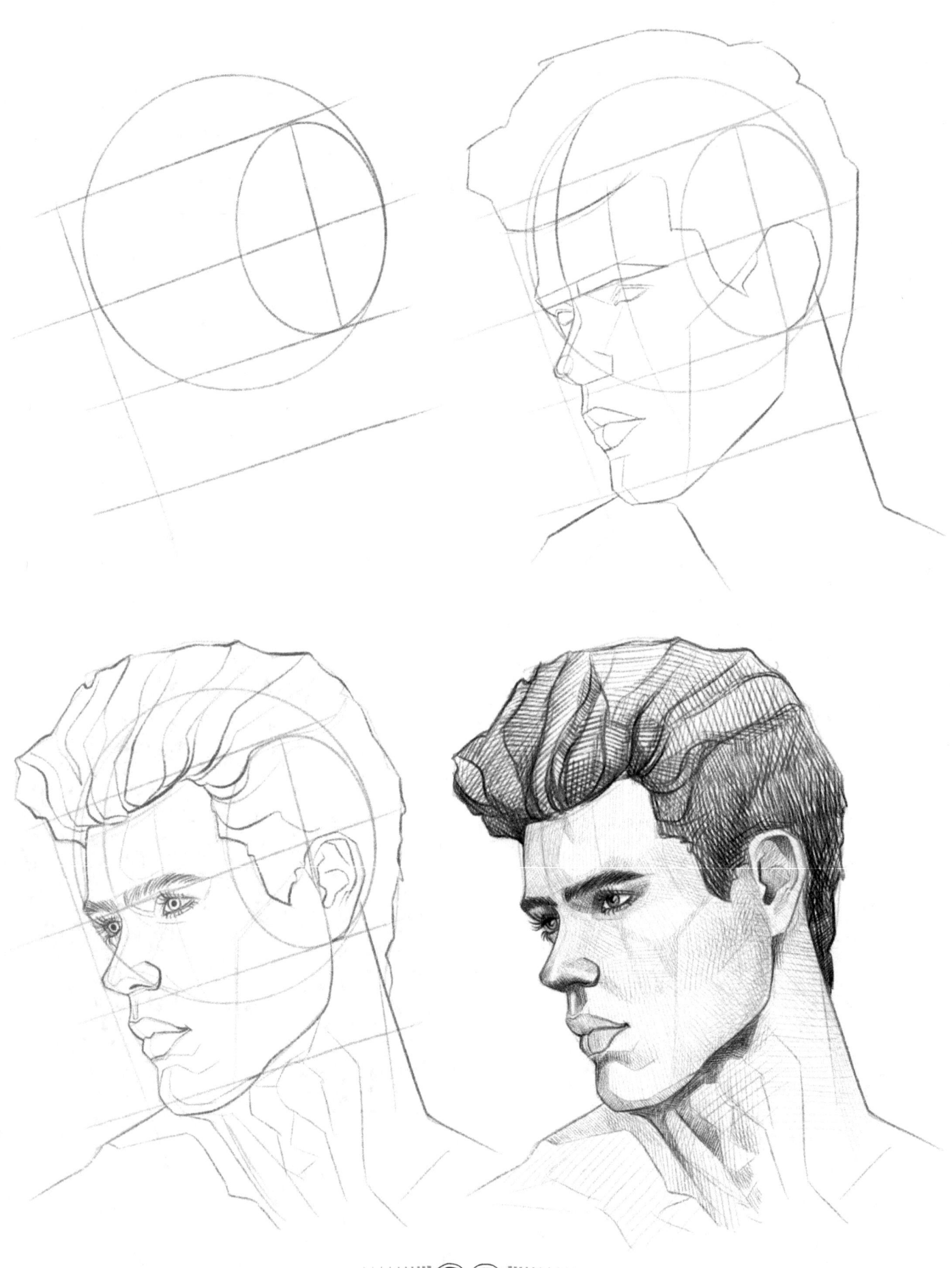

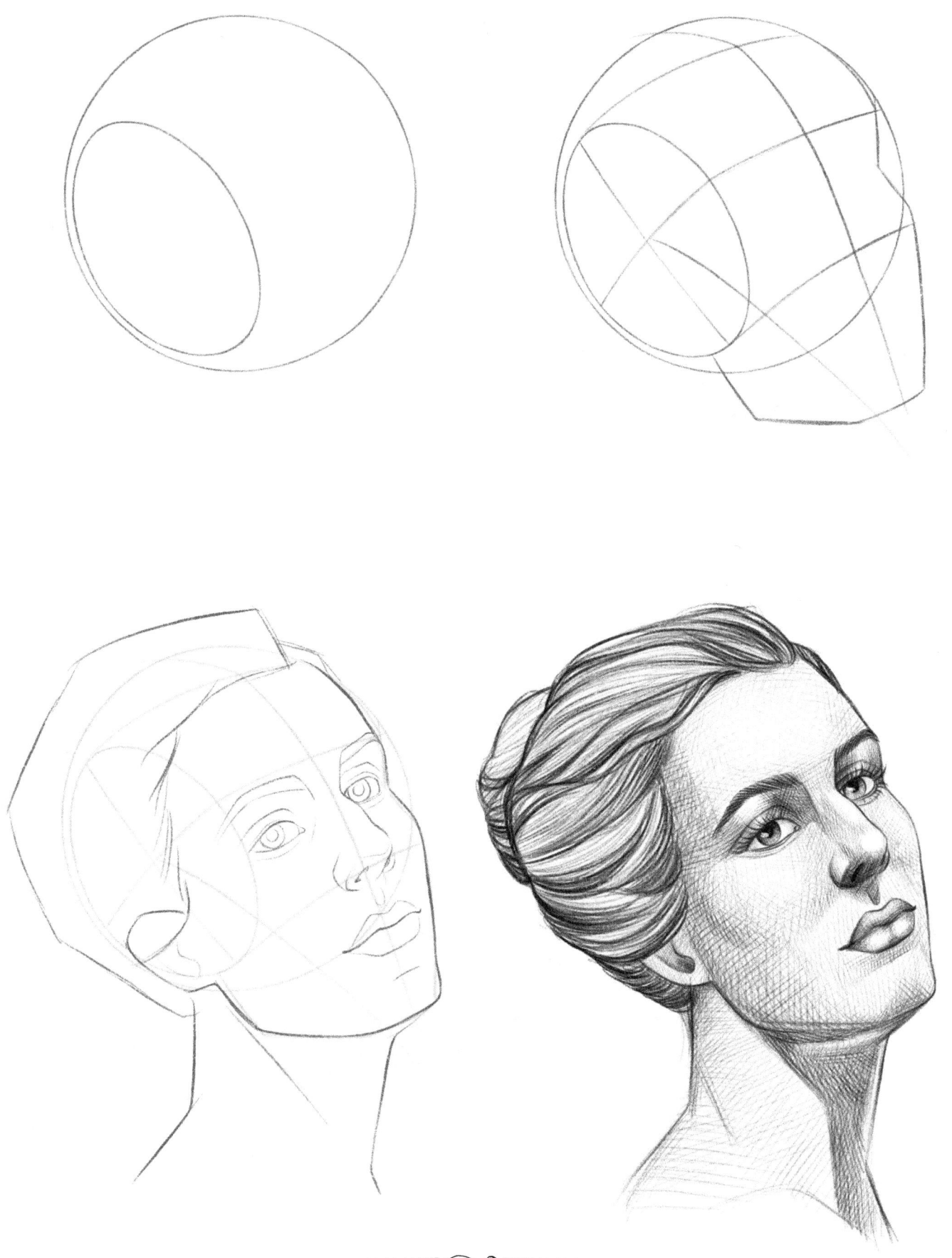

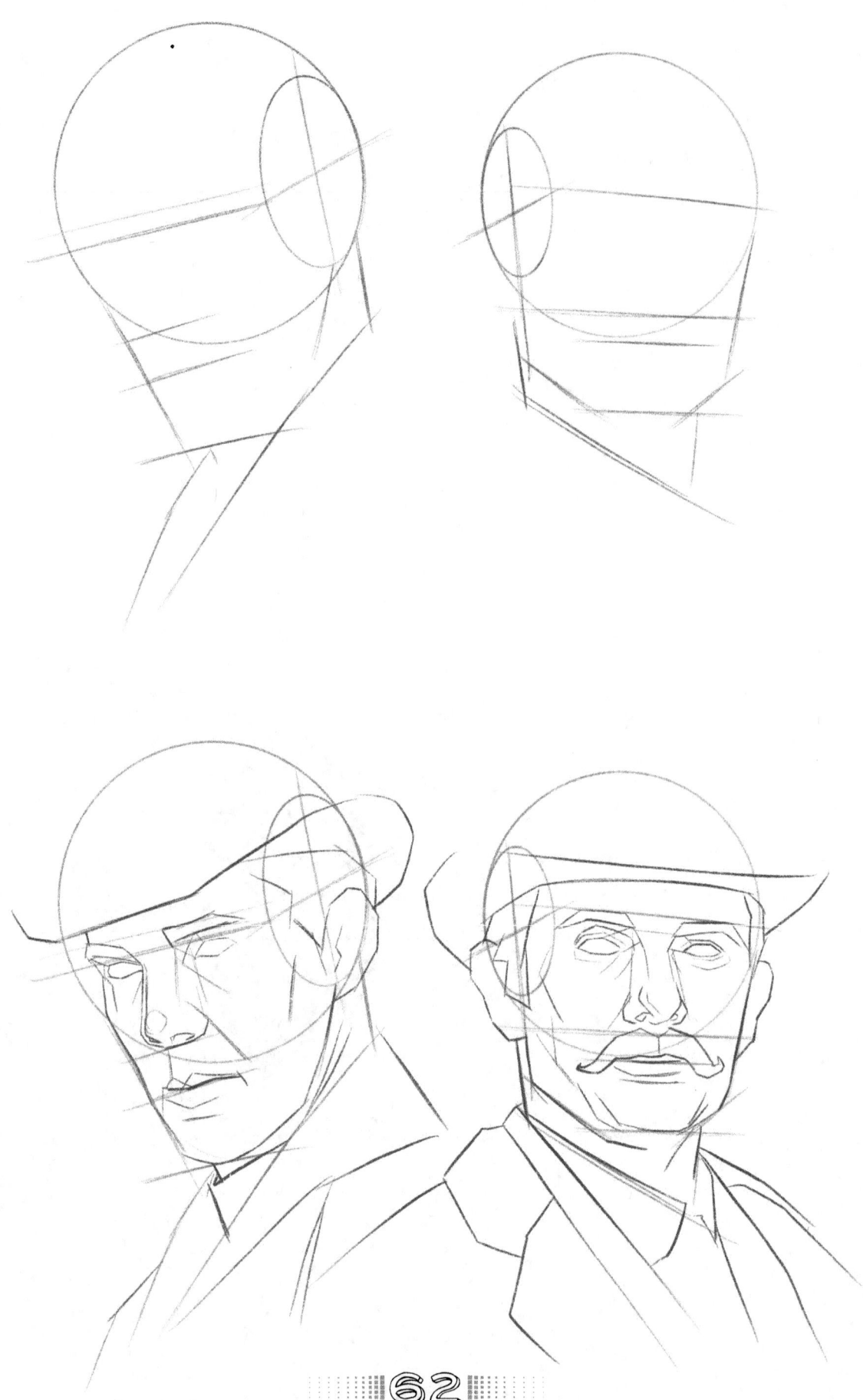

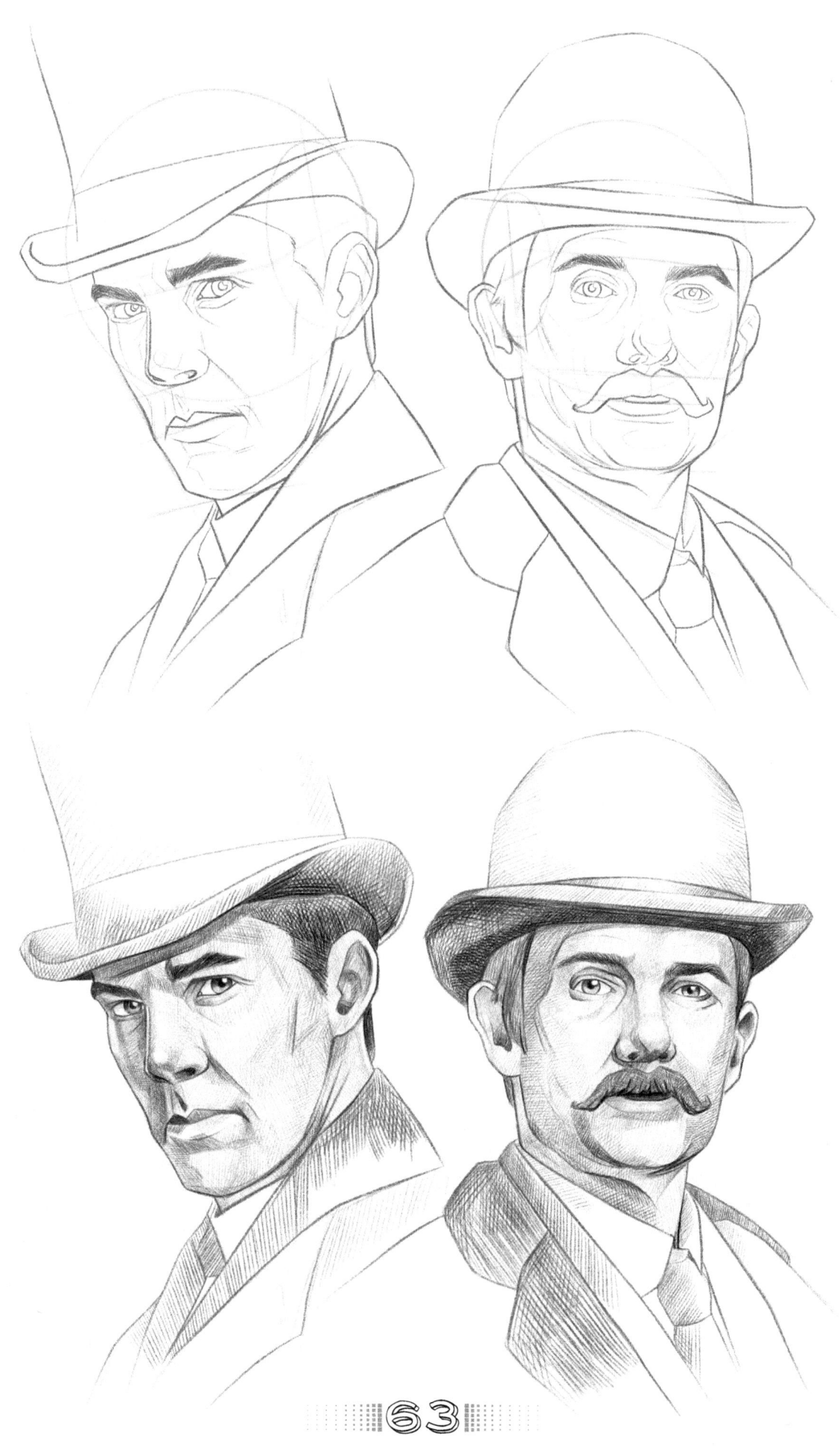

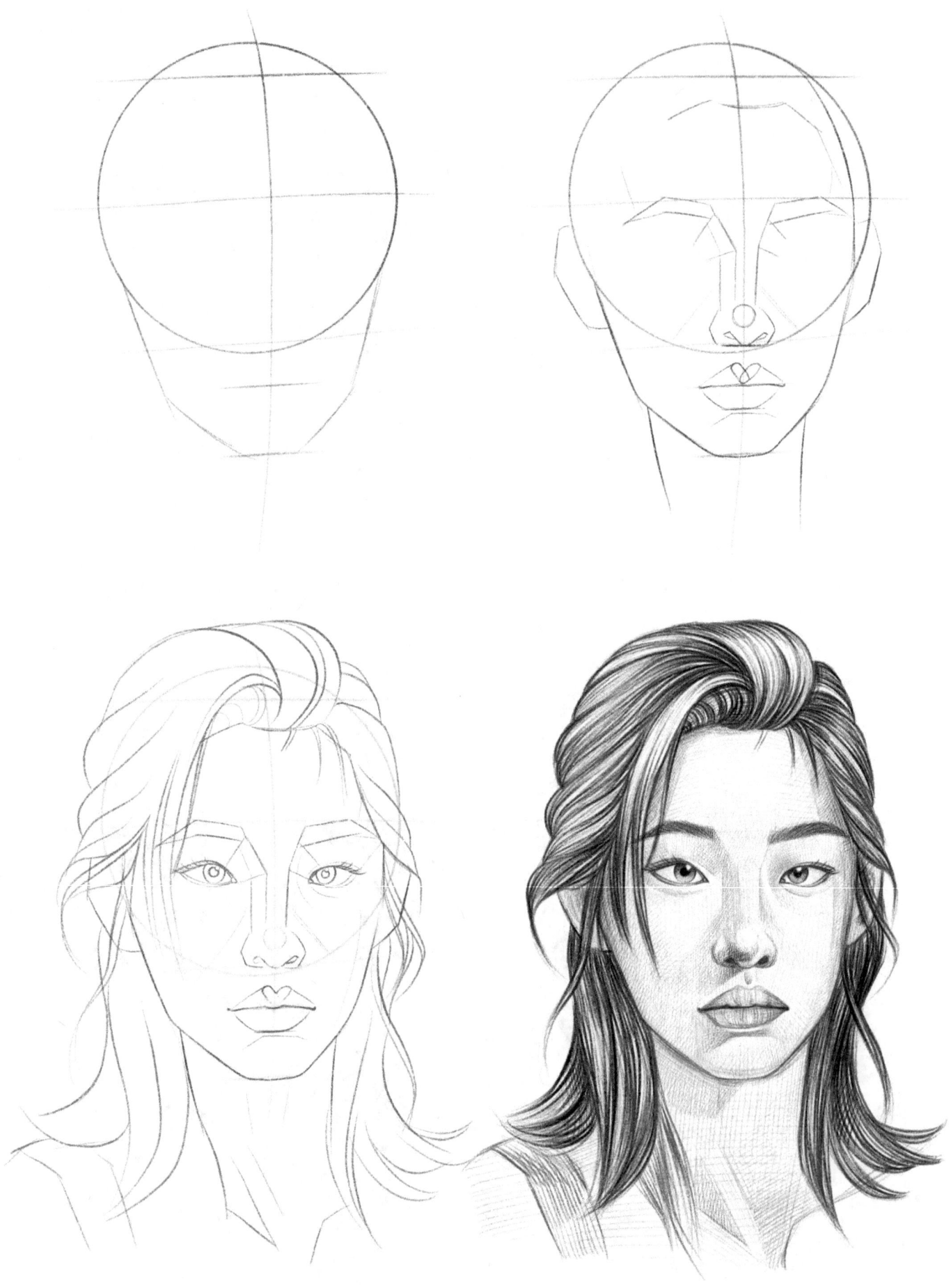

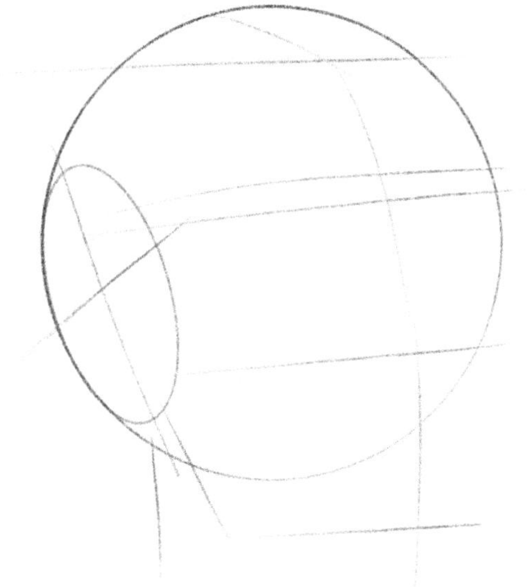

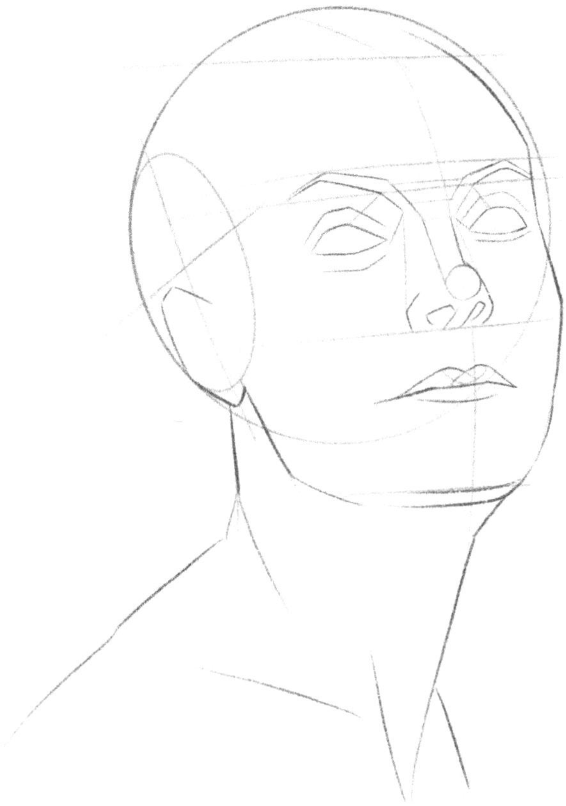

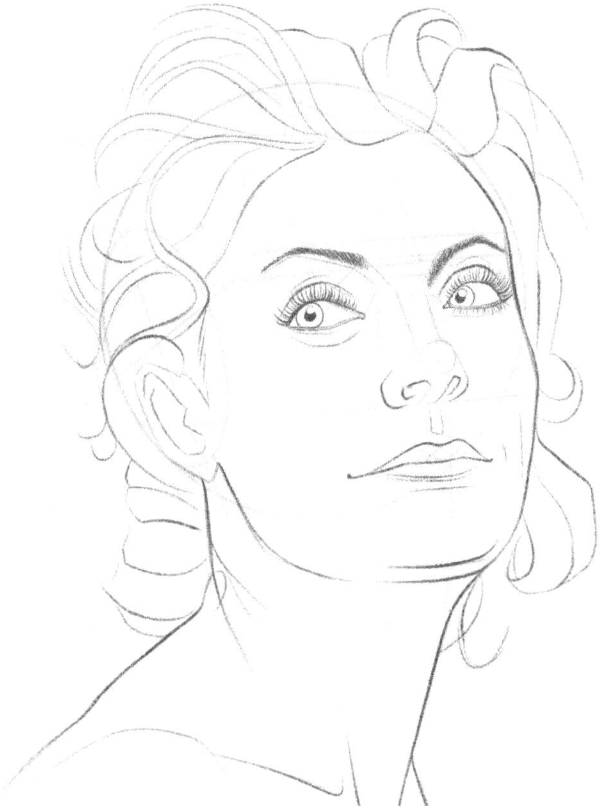

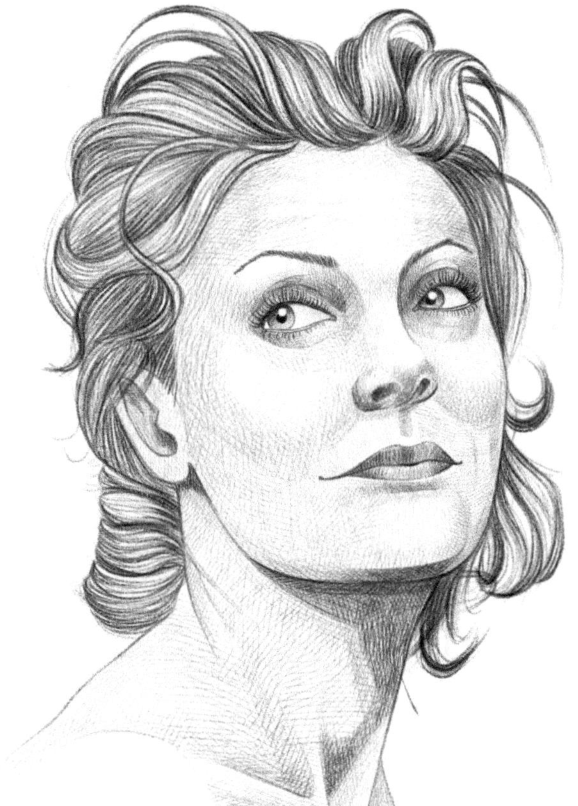

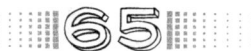

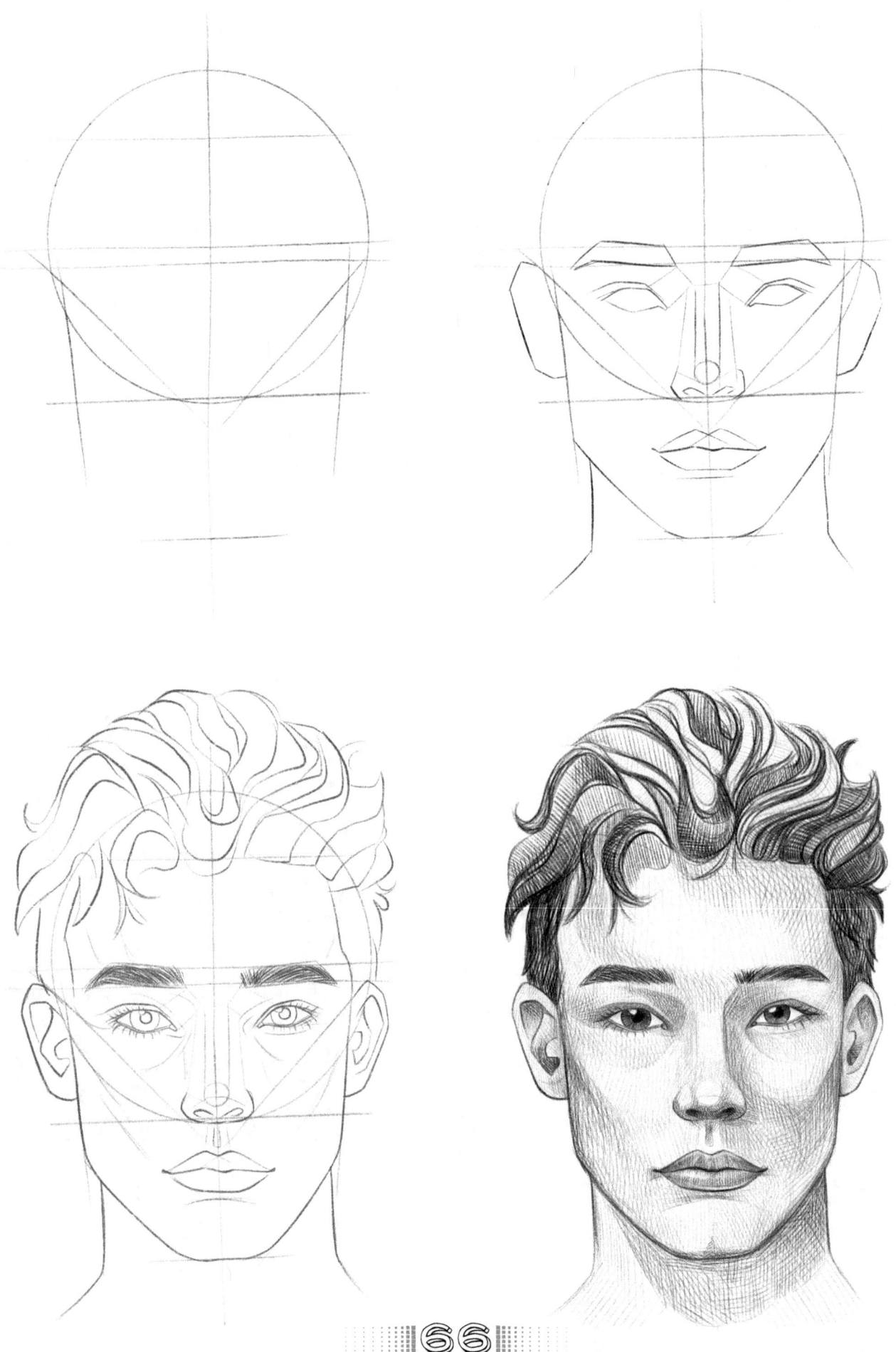

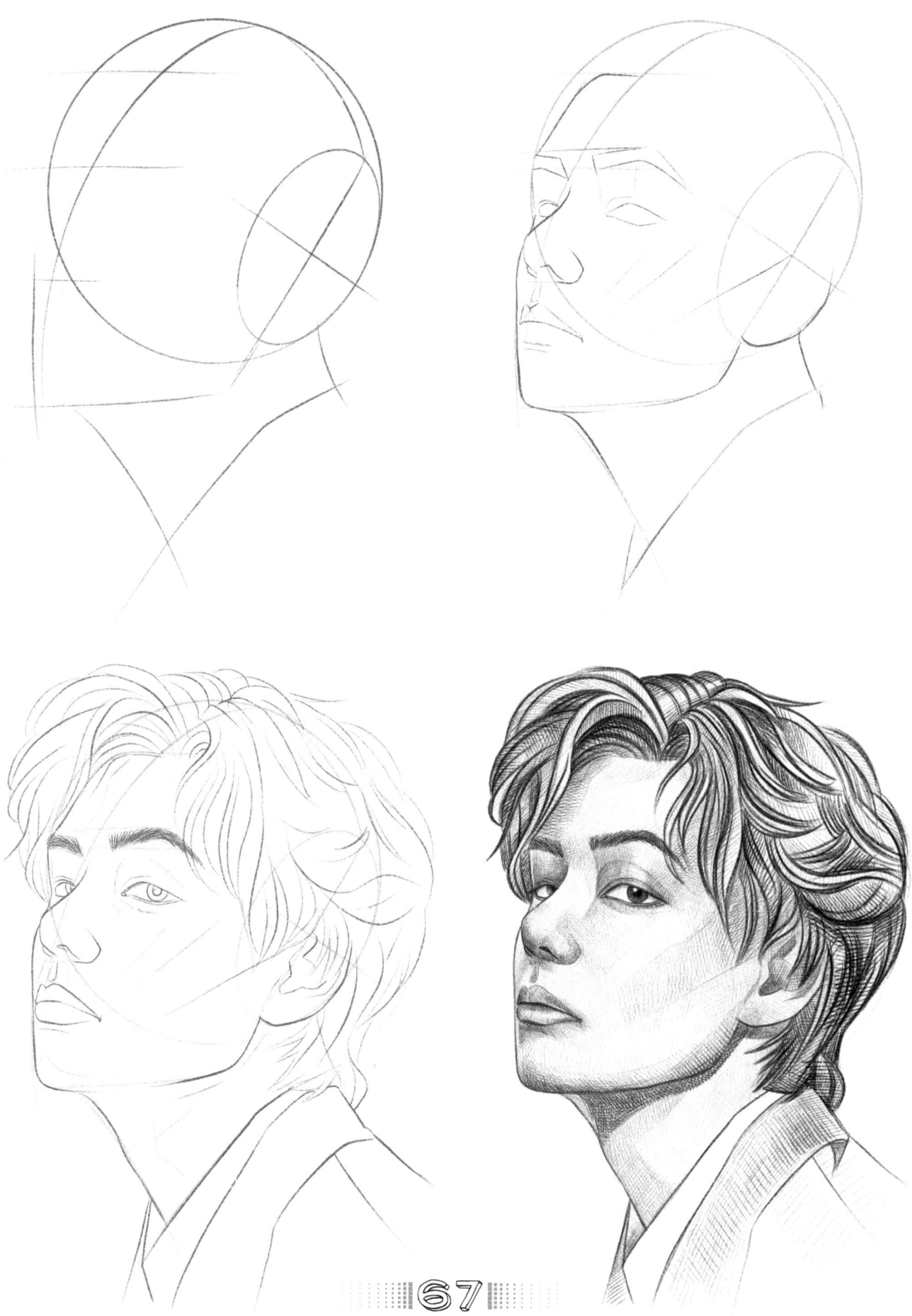

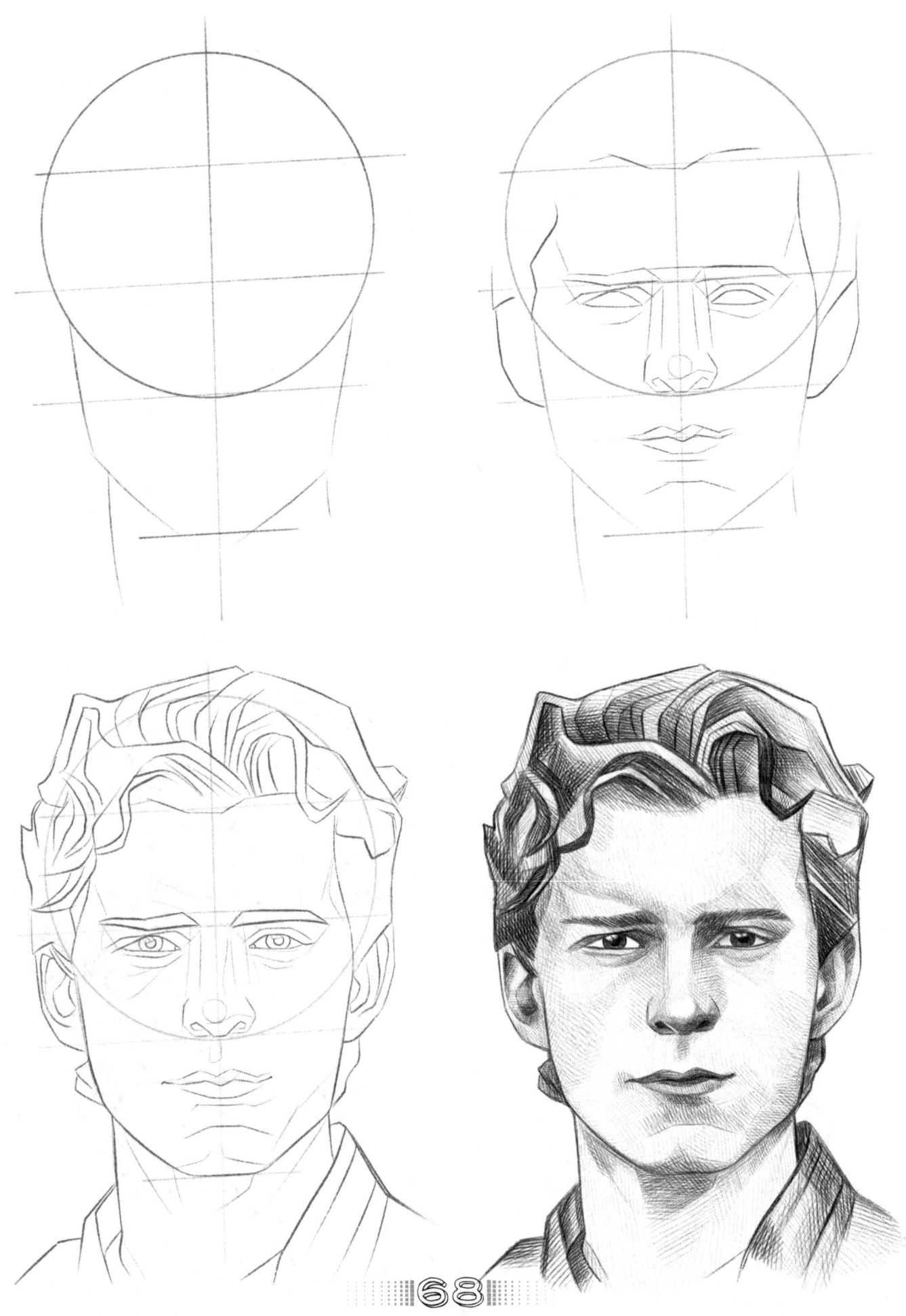

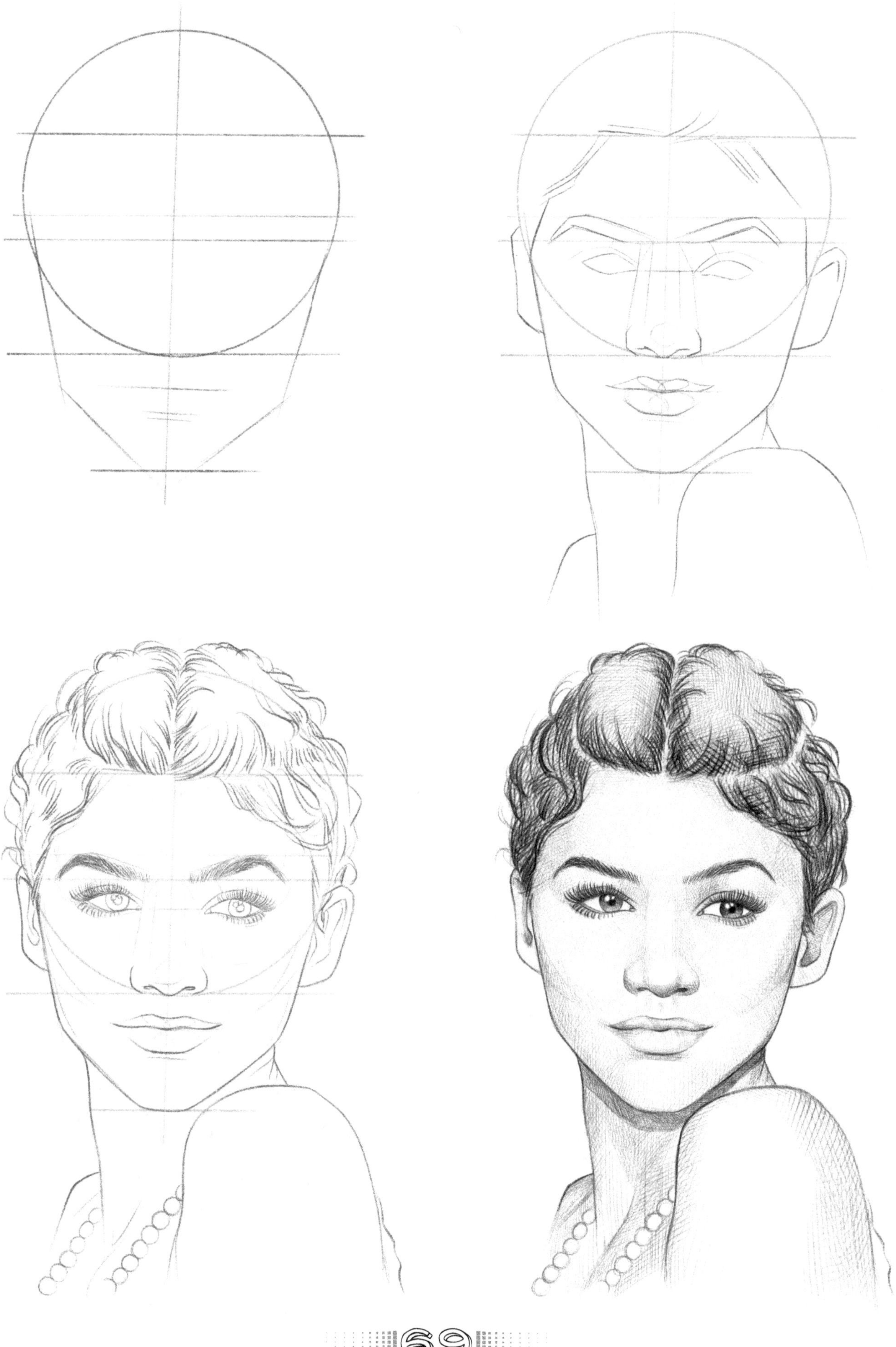

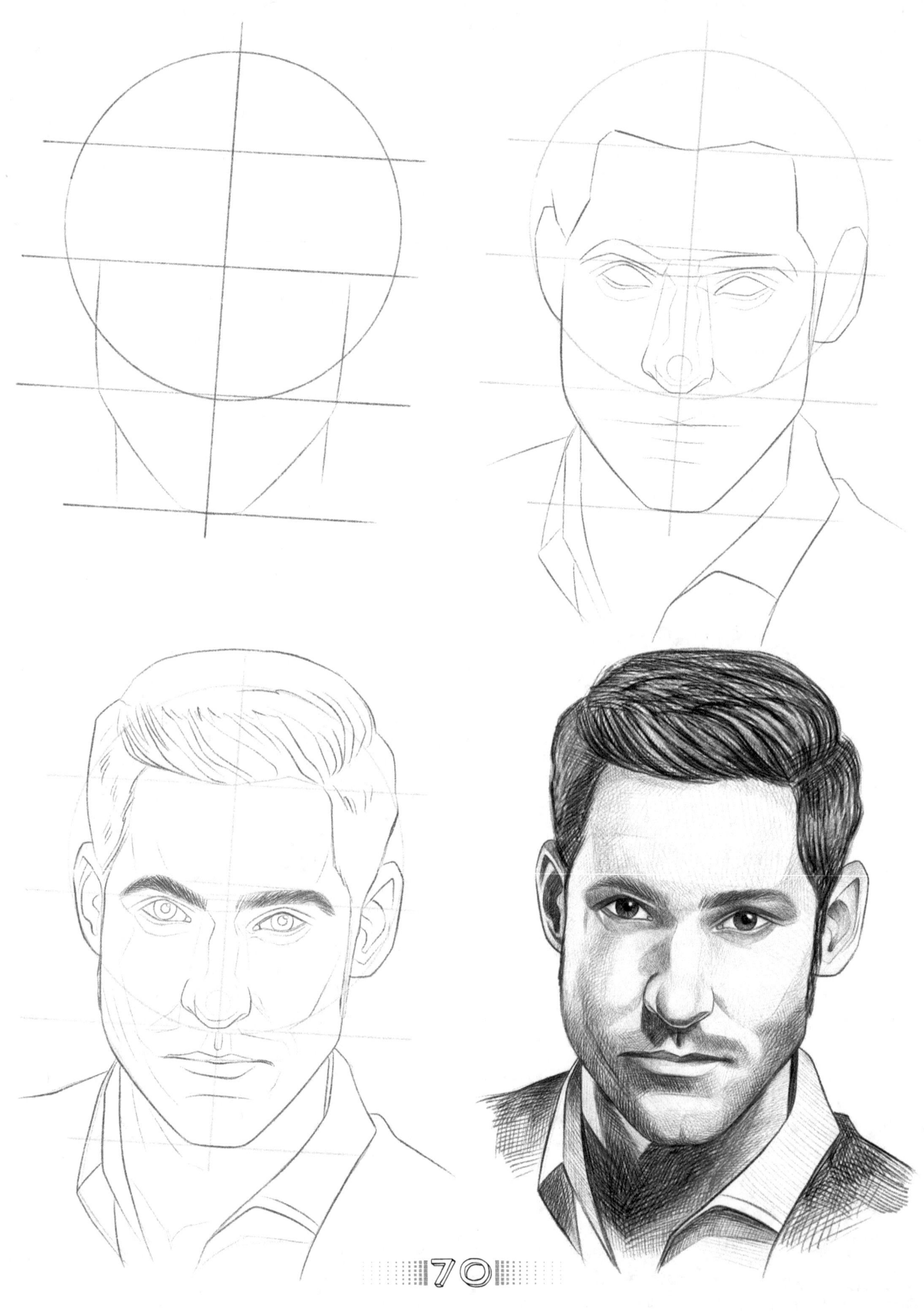

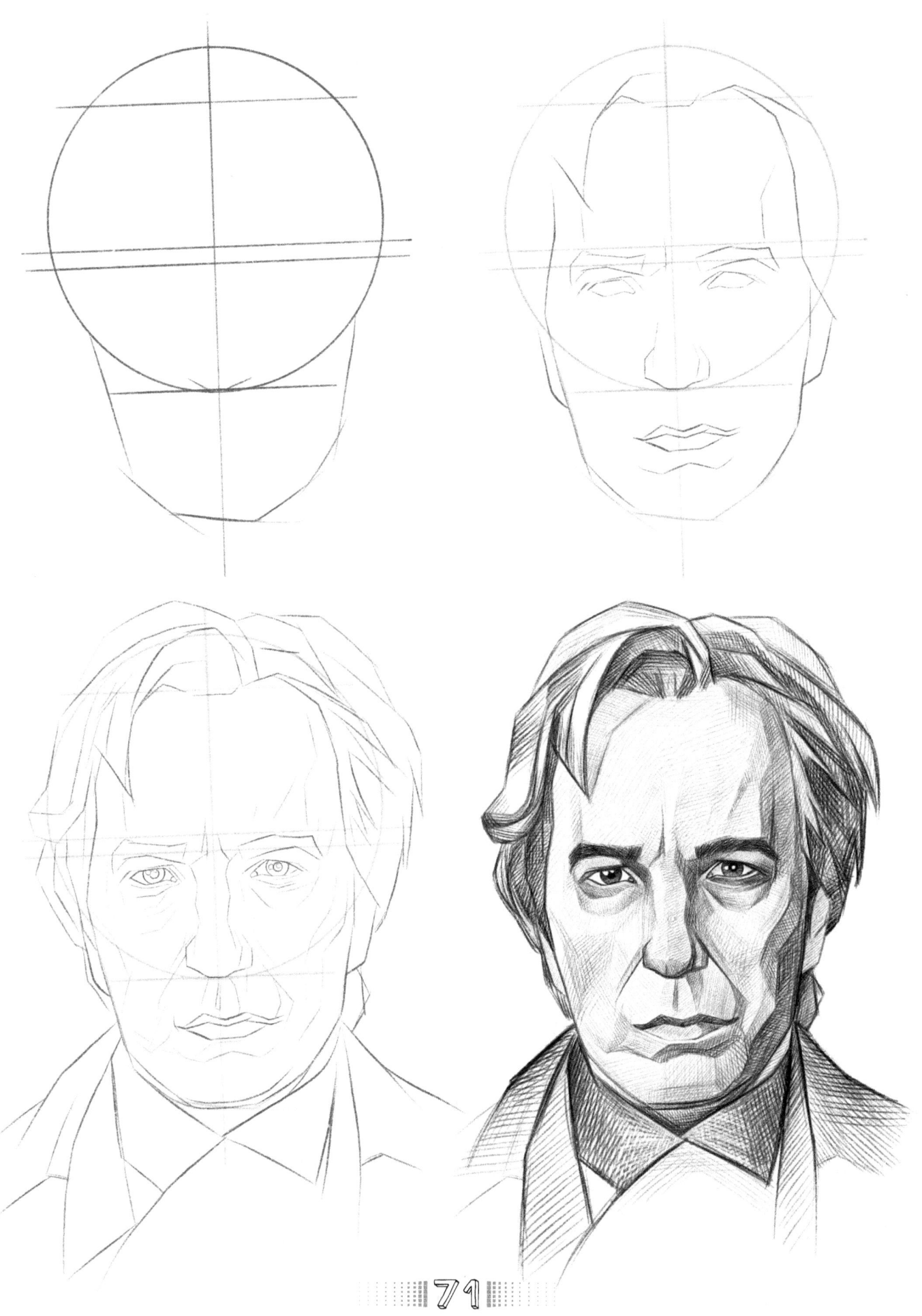

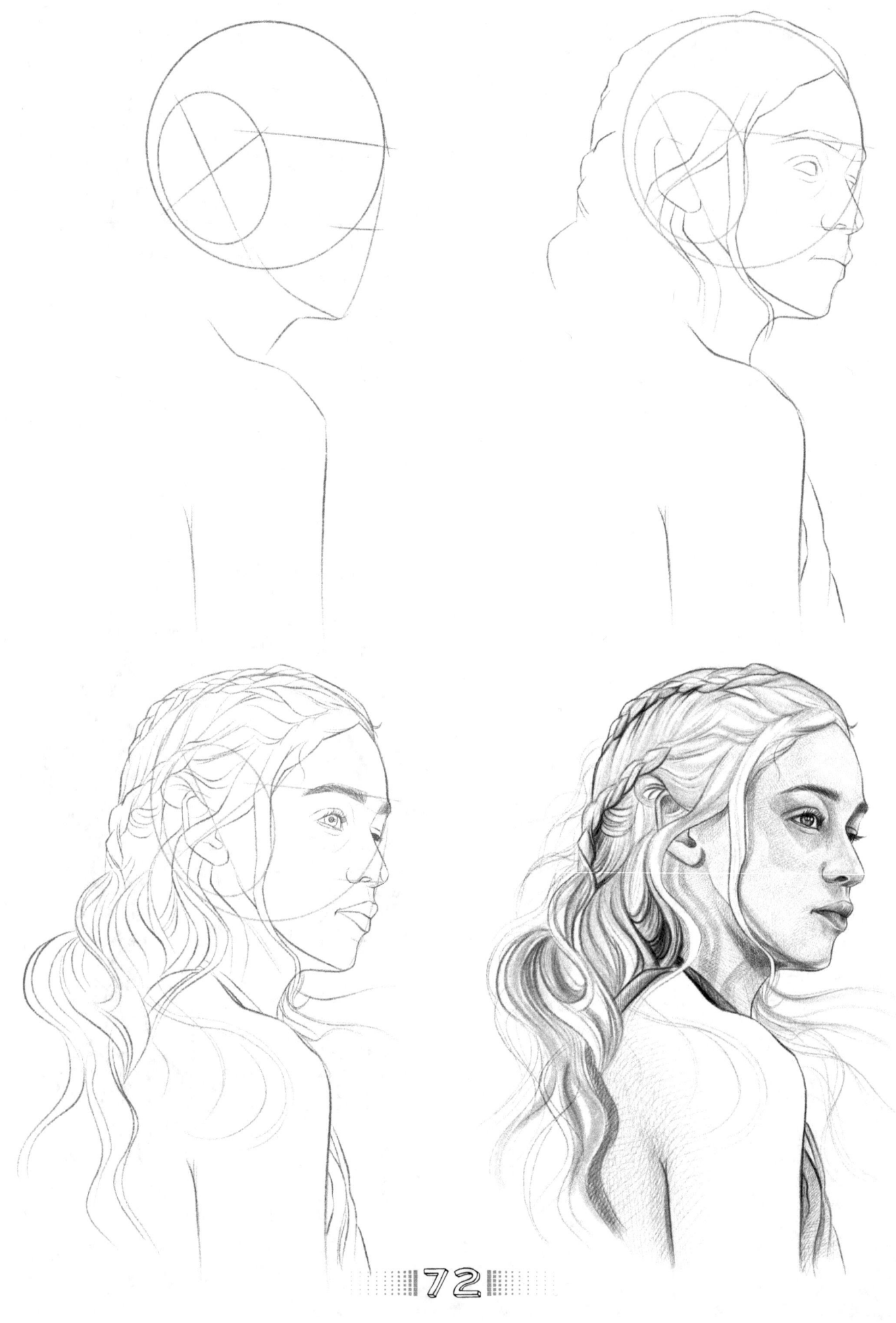

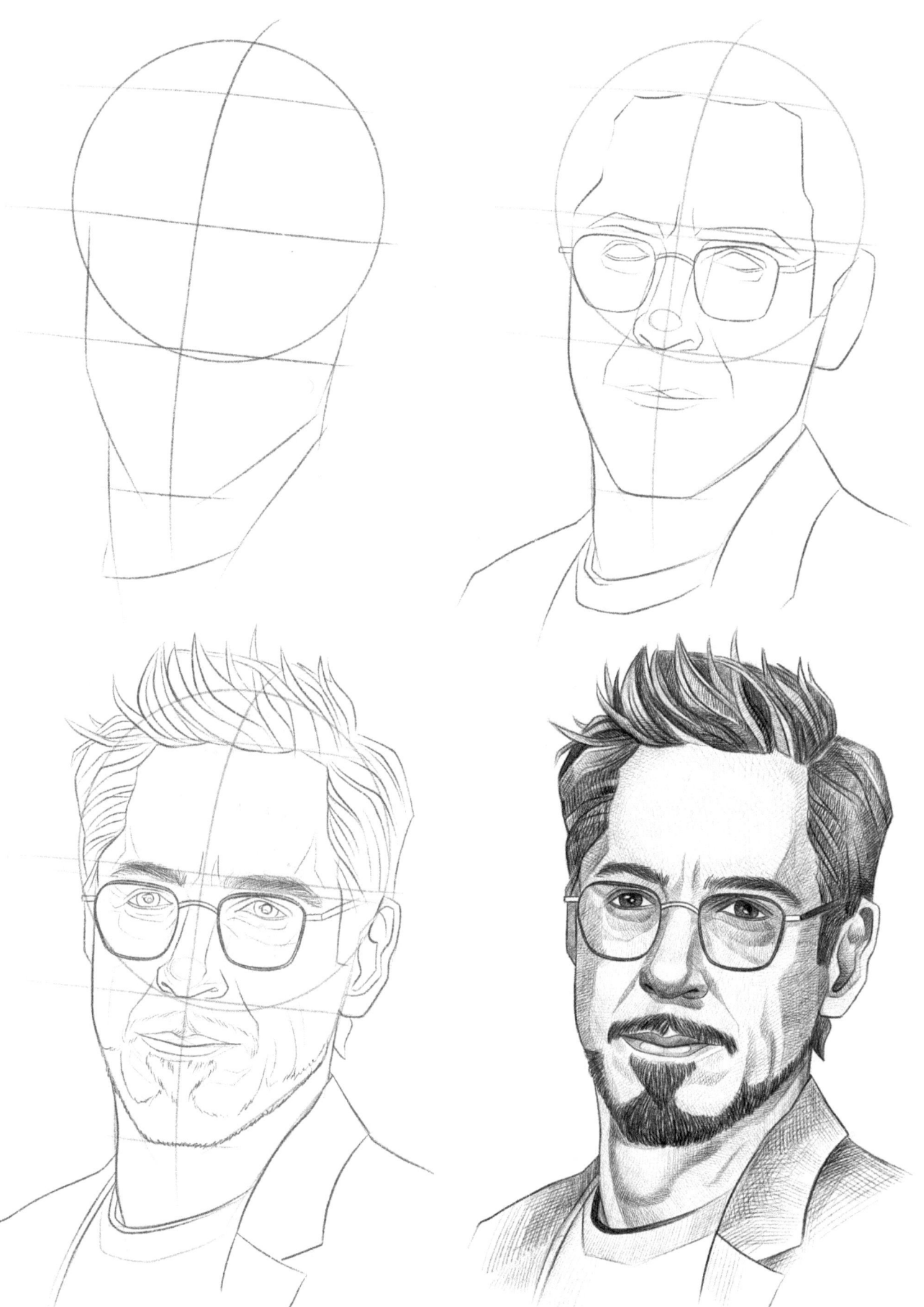

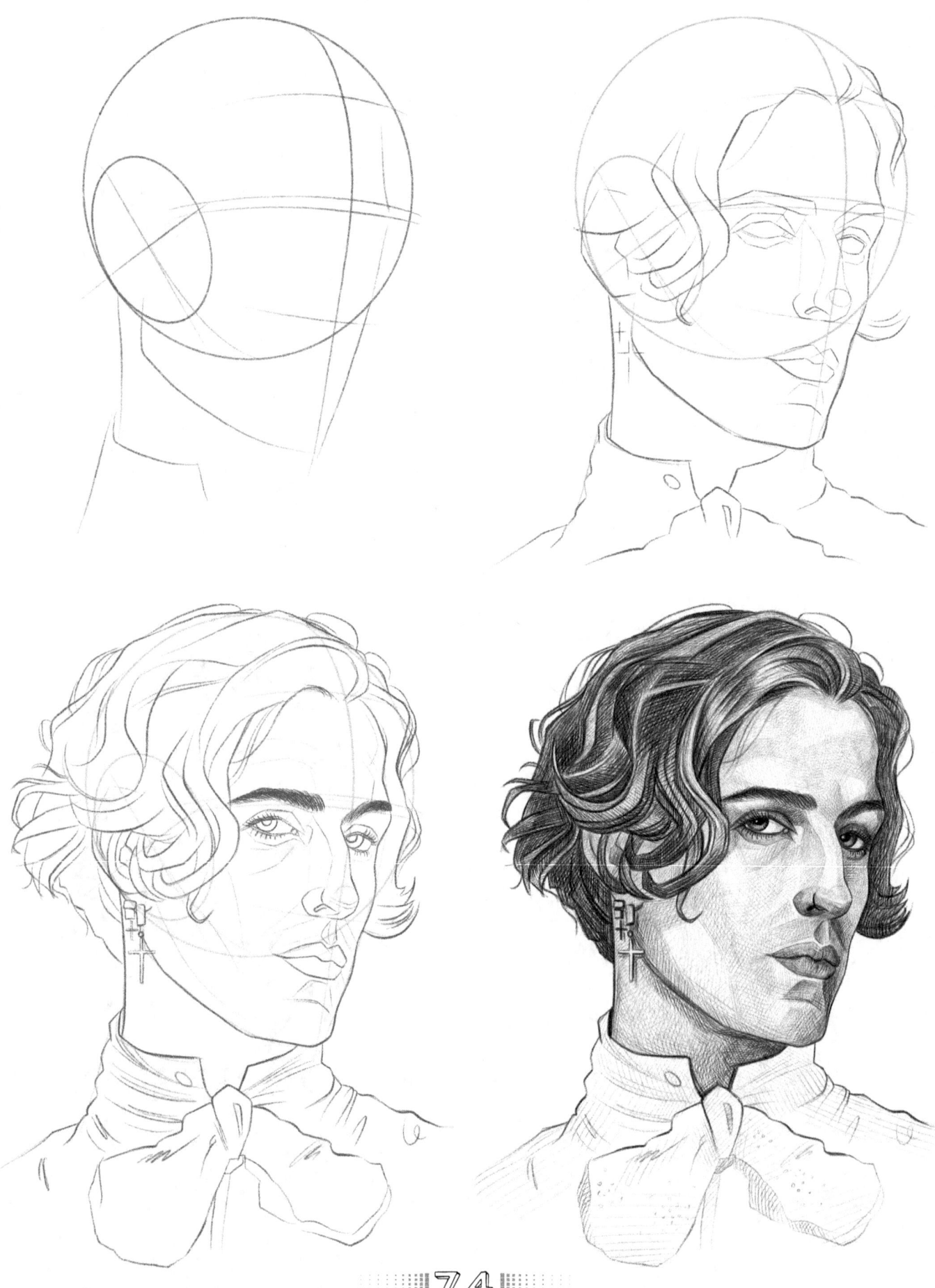

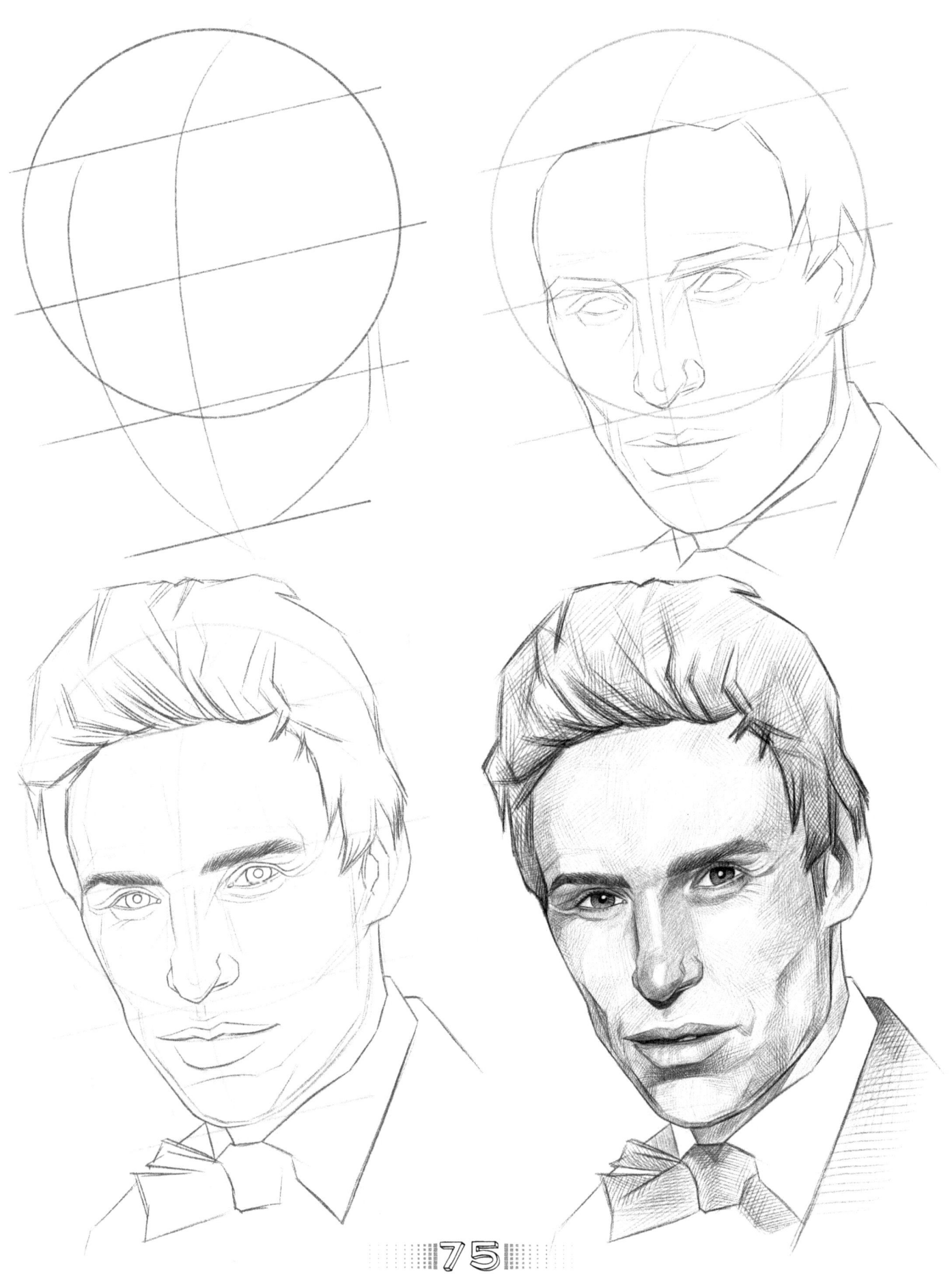

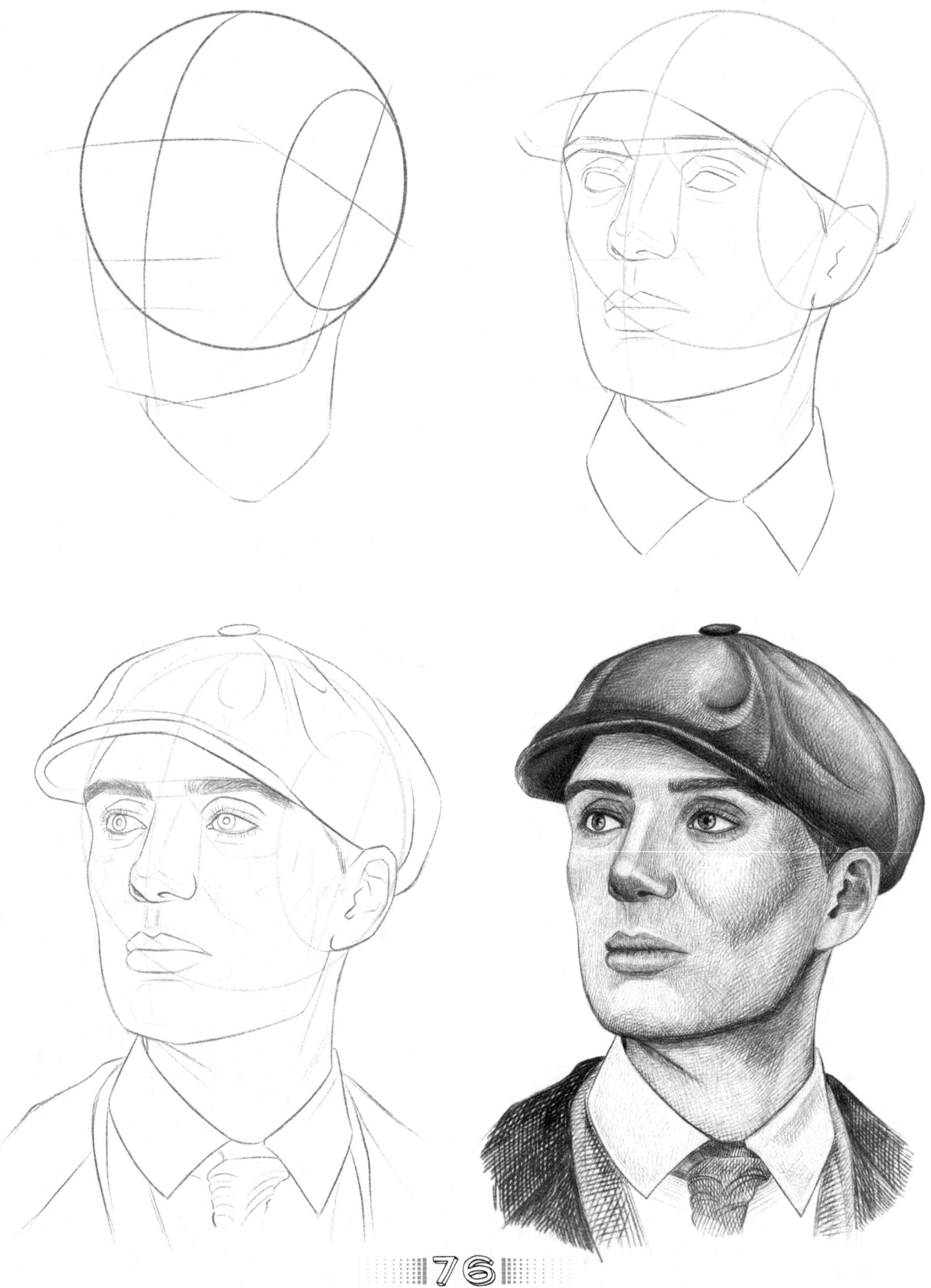

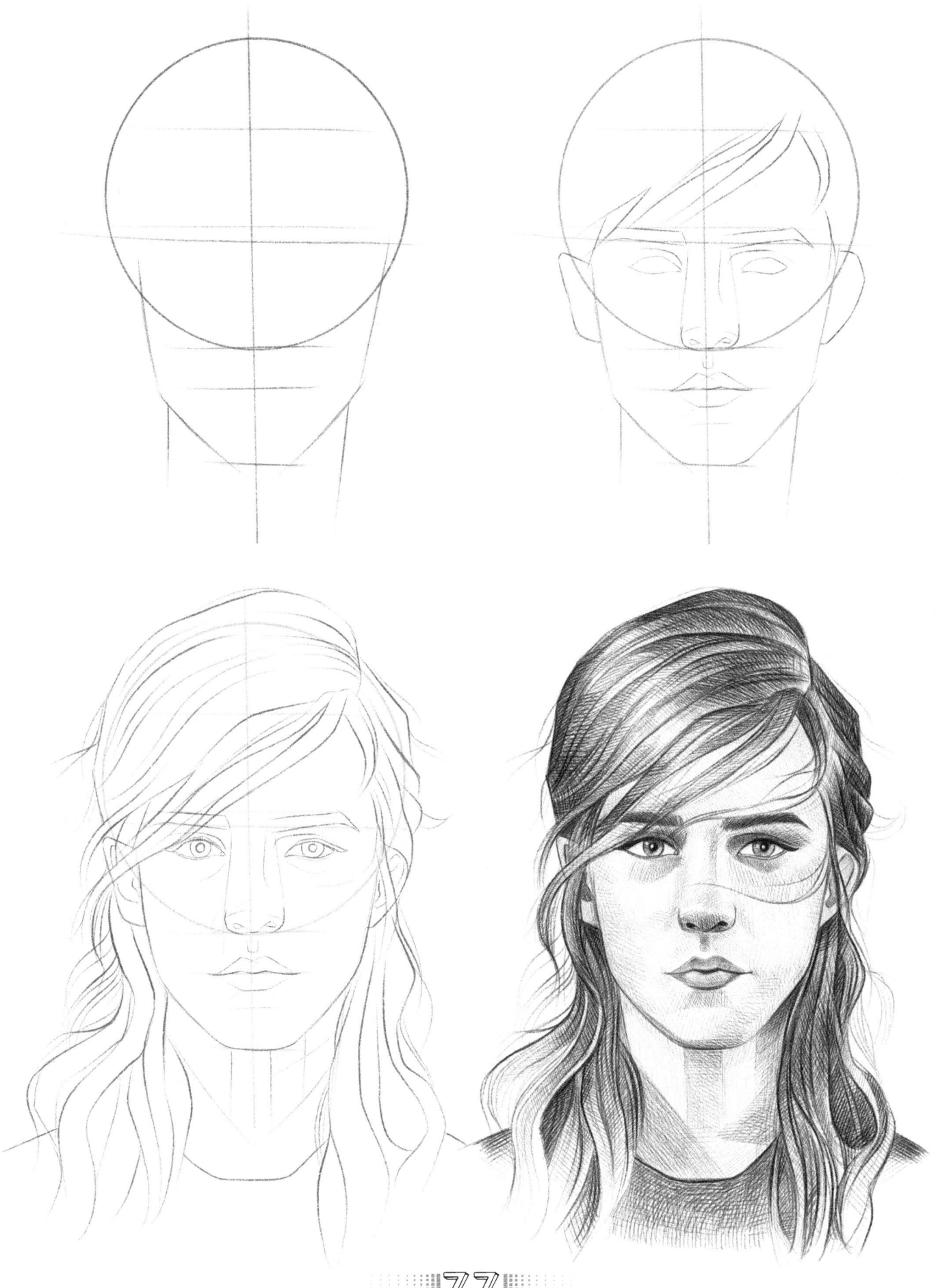

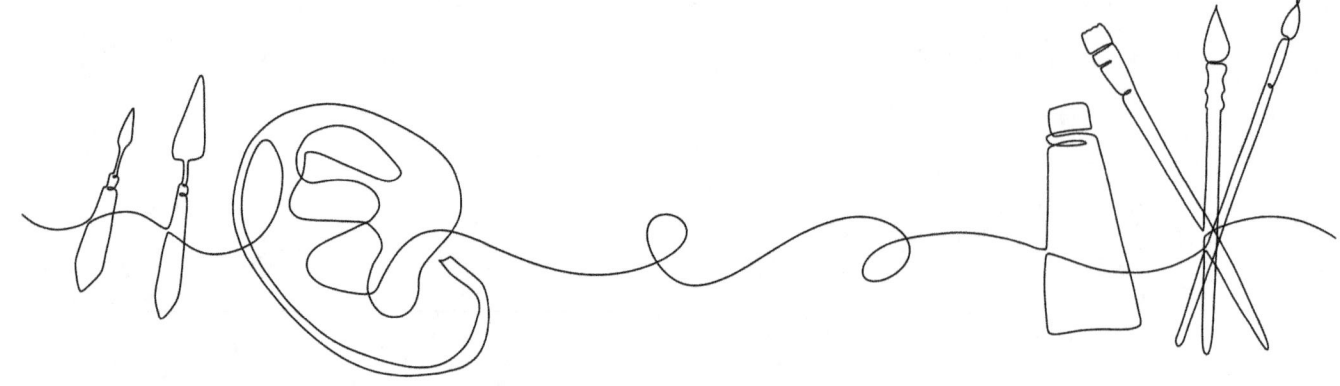

CONTINUARE A DISEGNARE: UN ADDIO E UN INIZIO

Congratulazioni per aver completato il vostro viaggio nell'arte del disegno di ritratti! In questo libro avete imparato tecniche essenziali come il tratteggio, la padronanza di luci e ombre e la comprensione della composizione e della prospettiva. Avete esplorato le caratteristiche uniche dei volti maschili e femminili e scoperto come trasmettere le emozioni in modo efficace.Ricordate che questo è solo l'inizio della vostra avventura artistica e che ogni tratto di matita vi avvicina ai vostri obiettivi artistici.Quando chiuderete questo libro, ricordate che ogni disegno è un passo avanti nella vostra crescita artistica. Continuate a esercitarvi, a sperimentare e, soprattutto, a godervi il processo.

 Grazie per esservi uniti a me in questo viaggio. Ora andate avanti e continuate a creare con passione e scopo.

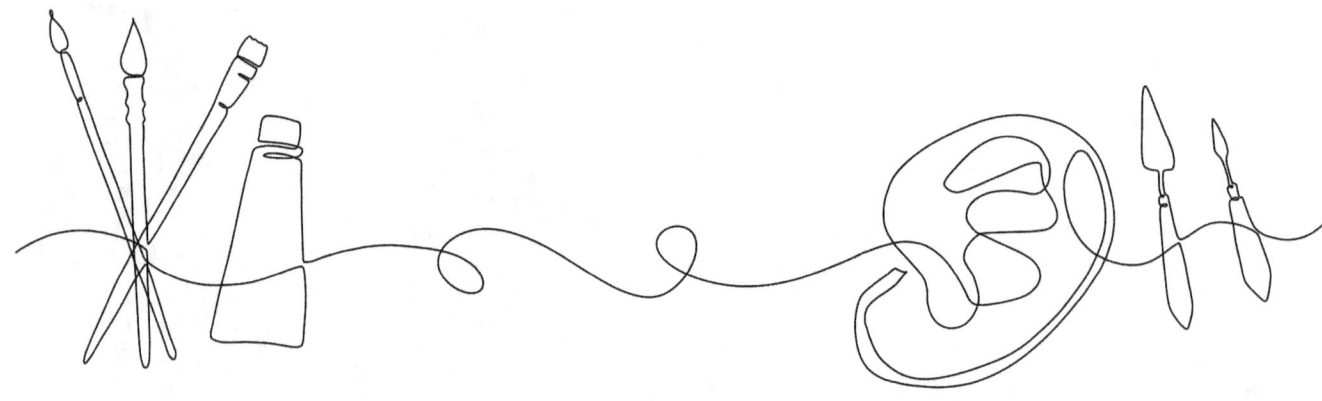

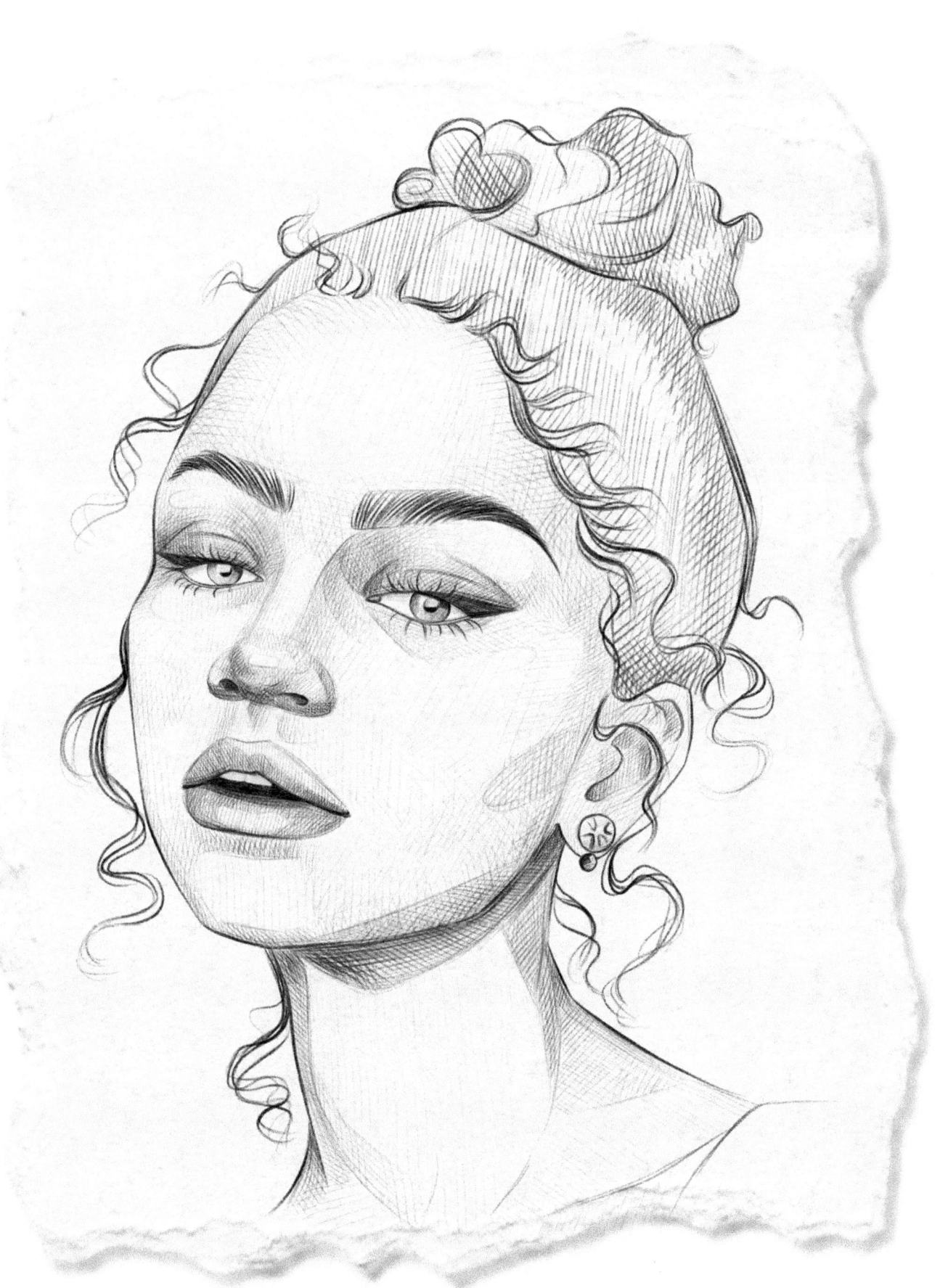

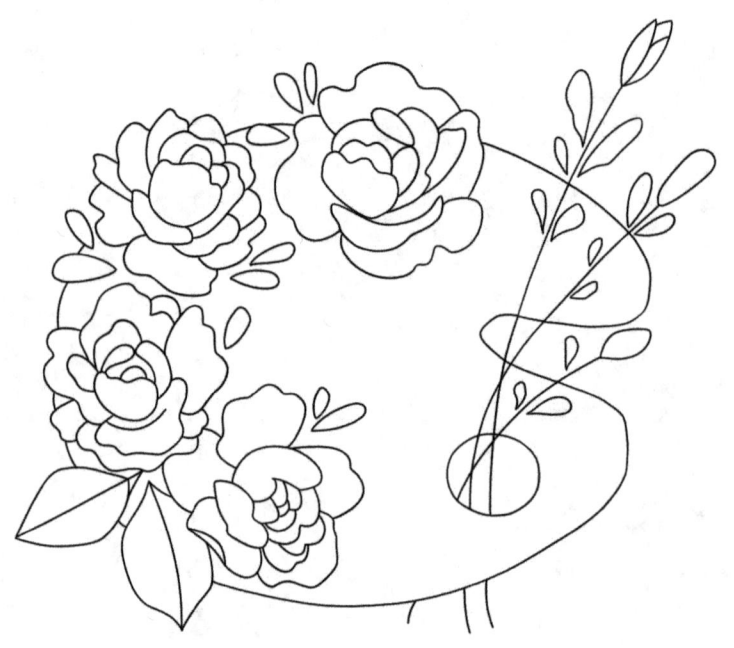

www.ingramcontent.com/pod-product-compliance
Lightning Source LLC
Chambersburg PA
CBHW062226220526
45471CB00009B/3369